Marabel Morgan · Die totale Frau

Marabel Morgan

Die totale Frau

Das Handbuch
zum
Frau-Sein

Editions Trobisch

Übersetzt aus: The Total Woman
Übersetzer: Arnold Sperling-Botteron

hänssler-Taschenbuch
Bestell-Nr. 854.055
ISBN 3-7751-9055-4

9. Auflage
© by Marabel Morgan
Published by Baker Book House, USA

© der deutschen Ausgabe:
© 1992 Editions Trobisch
© 2000 by Hänssler Verlag,
D-71087 Holzgerlingen
Umschlaggestaltung: Daniel Consulting
Gesamtherstellung: Ebner Ulm
Printed in Germany

*Meinem lieben Gatten Charlie gewidmet,
der mich besser als irgend jemand anders versteht
und mich immer noch liebt.*

Inhalt

FRAU-SEIN 2000 11

ERSTER TEIL: *DIE ORGANISIERENDE FRAU*

1 *Einleitung* 15
   Hallo, kennst du mich noch? 17
   Schnell aufgeregt, wie? 20
   Charlie, der Beifallspender 22

2 *Die Zeit auskaufen* 28
   Ihr Schlachtenplan 30
   Die Wichtigkeits-Liste 31
   ABC-Geschäft 34

3 *Innendekoration* 38
   Lebensplanung 40
   Mehr als ein Traum 41
   Schönheitsfehler 44

ZWEITER TEIL: *DAS LEBEWESEN – IHR EHEMANN*

4 *Akzeptieren Sie ihn* 49
   Mein Mann – mein Freund 50
   Salat, Sex und Sport 54
   Der Mann, nicht der Plan 56

5 *Bewundern Sie ihn* 58
   Heldenverehrung 60
   Magere Arme, volles Herz 62
   Positiv sehen 65

6 *Passen Sie sich ihm an* 68
   Wie ich will? 70
   O König, auf ewig sollst du leben! . . . 72
   Die verlierende Siegerin 74
   Make-up morgens um 7 Uhr 76
   Ja, das machen wir! 78
   Prickeln mit neunundneunzig 81

7 *Zollen Sie ihm Anerkennung* 83
   Übertreiben – untertreiben 84
   Dankbar sein 86

DRITTER TEIL: *SUPER-SEX*

8 *Die Außenansicht* 93
   Wiederbelebung 94
   Beglückende Heimkehr 95
   Warum nicht mal sexy kleiden? 96

9 *Brüchiges Ehebett* 102
   Nichts kommt von allein 104
   Das allererste frischverheiratete Paar . . . 105

Sex gleich Sünde?	107
Viktorianische Limonade	109
Halten, nicht vorenthalten	110
Das Feuer anfachen	113

10 Erfüllender Sex 116
   Extra-Leckerbissen 118
   Geheimnisse einer Geliebten 119
   Die richtige Stimmung 121
   Sprechende Hände 123
   Schnellzugtempo 124
   Gefährte, nicht Konkurrent 126

VIERTER TEIL: *BRÜCKEN BAUEN*

11 Gestörte Verbindungen reparieren . . . 131
   Eheliches Gespräch 133
   Glücklichere und gesündere Ehemänner . . 134
   Den Hitzkopf abkühlen 141

12 Der Weg zum Segen 148
   Bedauern oder akzeptieren 150
   Ich habe dich lieb 152
   Spaß und Spiele 154
   Lob gibt Mut 157
   Grenzdiskussionen 163
   Nichts für sich behalten 168

13 Die Kraftquelle 173
   Mein Suchen 174
   Umgewandelt 178

14 Schluß 184
   An eine Hilfesuchende 184
   Überlebensausrüstung 187
   DENK-DRAN-LISTE zum Ausschneiden . 189

FRAU-SEIN 2000

Frauen-Bücher kommen und gehen in großer Zahl. Nur wenige etablieren sich bleibend beim Publikum. Marabel Morgans DIE TOTALE FRAU gehört dazu: ihr Bestseller ist zu einem eigentlichen Standardwerk des Heute und Morgen geworden, und damit zum „Handbuch zum Frau-Sein 2000".

Woher dieser anhaltende und phänomenale Erfolg? Weshalb hat die Zahl ihrer Leser 4 Millionen überschritten und nimmt laufend zu? Weshalb brachte es Marabel Morgan bis zum Vorabdruck in BILD AM SONNTAG und bis auf die Titelseite der weltgrößten Zeitung TIME?

Zunächst einmal: Marabel Morgan theoretisiert nicht, sondern bietet handfeste praktische Anregungen für ein erfolgreiches Eheleben. Mit erfrischendem Optimismus und klarer Ausrichtung auf die Praxis des täglichen Lebens schildert sie authentische Beispiele von Konfliktlösungen, die sich in ihren erfolgreichen "TOTAL-WOMAN"-Ehekursen tausendfach bewährt haben.

Ein weiterer Erfolgsgrund: Marabel Morgan stützt sich nicht auf modische Ideen, sondern konsequent auf solide Lebenswerte und bleibende Lebensfundamente. Zuvorderst steht die Würde der Frau, gleich dahinter folgt der „Dienst" an Nächsten: am Ehemann und an den Kindern. Ihre Emanzipation ist keine egoistische, sondern eine „Miteinander-Emanzipation". Berufskarriere ja, aber zuerst kommt Liebe, Zärtlichkeit und Hingabe zum Mann, Wärme und Hinwendung zu den Kindern.

Und schließlich: hier schreibt keine eifernde Belehrerin, sondern eine warmherzige, humorvolle, lebensbejahende Erfolgs-Ehefrau. Ihre gesunde Mischung von Realitätssinn und augenzwinkerndem Optimismus gibt diesem Buch für die Jahre bis zur Jahrtausendwende seinen wahren Wert als „Handbuch zum Frau-Sein 2000".

Dr. Wolfgang M. Metz

Erster Teil

DIE ORGANISIERENDE FRAU

1 Einleitung

Ich denke in Superlativen, und so erwartete ich selbstverständlich, daß meine Ehe mit Charlie Morgan die beste auf der ganzen Welt sein würde. Beide waren wir entschlossen, einander das Beste zu geben; aber was das alles mit sich bringt, davon wußte ich praktisch nichts. Ehe war für mich gleichbedeutend mit Vorhangrüschen in der Küche, Erdbeeren zum Frühstück und pausenloser Liebe.

Charlie und ich kamen glänzend miteinander aus, und so sah alles verheißungsvoll aus. Ich verstand ihn, wir besaßen die gleiche Wellenlänge. Während unserer Verlobungszeit brachte er häufig seine juristischen Bücher mit auf meine Wohnung, um sich darin zu vertiefen, und zwischen einzelnen Rechtsfällen erzählte er mir von seinen Träumen und Ängsten. Er erzählte mir von seinen Lebenszielen; er schilderte mir, was er alles erreichen wollte. Er setzte mir verschiedene juristische Fälle auseinander und ereiferte sich über Rechtsvergehen, Verträge und Rechtsprechung. Das meiste davon verstand ich nicht, aber ich hing an seinen Lippen, weil ich ihn liebte. Wie glücklich konnte ich mich schätzen, einen solch mitteilsamen Mann gefunden zu haben! Ich hatte von einigen Ehemännern gehört, die überhaupt nicht mit ihrer Frau redeten.

Ich dachte, Charlie sei ein unermüdlicher Redner. An dem Abend, als er mich bat, ihn zu heiraten, hatte er mir beinahe die Ohren vom Kopf weggeredet, ehe der magische Augenblick kam. Es war mein Geburtstag, und wir nahmen zusammen ein exquisites Essen in Miami Beach ein. Charlie redete und redete, während ich aß. Anschließend fuhren wir zum Strand hinaus und betrachteten das Meer. Eine bezaubernde Nacht! Ein großer, voller Mond schaute auf die glitzernden Wellen hernieder. Die Sterne funkelten in dieser traumartigen Atmosphäre, und mich packte der Wunsch, am liebsten nach einem von ihnen zu greifen. Wir saßen im Auto und genossen diese zeitlose Szene, während Welle um Welle an den Strand gerollt kam.

Charlie hatte einen kleinen Stapel von netten Geburtstagsgeschenken für mich mitgebracht. Er war rührend, aber durchaus nicht romantisch. Er redete einfach immer nur, was angesichts der Umgebung höchst ungewöhnlich war. Zufrieden kuschelte ich mich an ihn und hörte ihm zu, obgleich ich mich ziemlich schläfrig fühlte. Mein voller Magen und der hypnotisierende Rhythmus der Wellen ließen mich dann auch tatsächlich einschlafen.

Ich weiß nicht, wie lange ich geschlafen hatte, als mich plötzlich Charlies Worte ins Bewußtsein zurückrissen. „... und das ist's, was ich mir bei einer Frau wünschte", hörte ich ihn sagen. Mein Liebling mit seinem mathematischen Verstand hatte offensichtlich die Qualitäten umrissen, die er sich bei einer Frau wünschte! *Was* wünschte er sich bei einer Frau? Das war mir entgangen! Sollte das etwa ein Heiratsantrag sein?

Meine Reaktion war allerdings alles andere als langsam, als er mich verlangend in seine Arme nahm und fragte: „Willst du dieses Mädchen sein?" Meine Schläfrigkeit war wie weggefegt. Augenblicklich war ich hellwach! Er griff wieder auf den Rücksitz, dieses Mal, um eine in Samt eingefaßte Schmuckschachtel zu reichen, und legte einen prächtigen Diamantring in meine Hand.

Er bat mich, für immer sein zu sein. Die Freude dieses Augenblicks! Nur ein Gedanke beeinträchtigte meine Freude und hielt mich die ganze Nacht über wach: Wie stellte er sich seine Wunschfrau vor? Ich hatte seine Beschreibung verschlafen. Wäre ich wach gewesen, hätte ich mir und Charlie Jahre des Elends erspart!

Hallo, kennst du mich noch?

In der kurzen, aufregenden Zeit zwischen zwei Semestern heirateten wir und verbrachten herrliche Flitterwochen in Florida. Die Tage waren sonnendurchtränkt und der nächtliche Himmel sternenübersät. Das Eheleben bedeutete tatsächlich Erdbeeren zum Frühstück und pausenlose Liebe.

Von der Florida-Sonne gebräunt und glücklichen Herzens bezogen wir eine Dreizimmerwohnung. Wir besaßen nur wenig, und ich hatte nicht viel zu tun. So blieb mir eine Menge Freizeit. Ich bügelte Charlies Hemden und verbrachte Stunden damit, Leckerbissen für ihn zu bereiten.

Während die Monate vergingen, gestaltete sich unser Leben jedoch immer komplizierter, und allmählich veränderten wir uns. Ich wunderte mich, als ich merkte, daß Charlie zu reden aufgehört hatte. Er hielt eher etwas Distanz und war immer beschäftigt. Unsere Tête-à-tête-Gespräche wurden immer seltener, und schließlich plauderten wir kaum noch miteinander. Erkundigte ich mich nach seiner Arbeit und den Tagesneuigkeiten, so bekam ich ein unentzifferbares Grunzen zur Antwort.

Einmal faßte ich ihn beim Kinn und sagte: „Hallo, kennst du mich noch? Schau mir mal in die Augen — ich spreche mit dir!"

Eines Abends nach einem Monolog — meinem eigenen! — kam ich zum Schluß, daß Charlie eigentlich immer der schweigsame Typ gewesen war — er hatte sich vor der Hochzeit Mühe gegeben, mit mir zu reden, um mich zu gewinnen. Wenn ich zu sinnvollen Unterhaltungen kommen wollte, dann würde ich sie jetzt wohl bei meinen Freundinnen zu suchen haben.

Unterdessen waren Charlie und ich höflich zueinander und sagten zum Beispiel: „Reiche mir bitte das Salz." Wir lebten Seite an Seite, als ob alles in Ordnung wäre. Aber das war durchaus nicht der Fall. Ich hatte immer gemeint, eine angenehme Unterhaltung mit irgendeinem Menschen führen zu können, aber mein Gatte setzte meiner Zuversicht einen Dämpfer auf.

Haben Sie schon jemals in einem Restaurant am gleichen Tisch mit Ihrem Ehemann gesessen und sich gefragt: „Was, um Himmels willen, soll ich zu diesem Mann sagen, mit dem ich zusammenlebe und alles teile?" Es war verwirrend. Eines Abends bei einem Essen, als sich alle lebhaft unterhielten, wollte mir nicht eine einzige intelligente Bemerkung einfallen, die ich zu dem Mann hätte machen können, den ich doch liebte.

Jeden Abend, wenn Charlie nach der Arbeit durch die Haustüre trat, kam auch eine Wolke von Schwere und Spannung mit herein. Diese Wolke war beinahe greifbar. Seine Heimkehr sollte eigentlich der Höhepunkt des Tages für mich sein. Den ganzen Tag lang wartete ich darauf, ihm meine Liebe und Fürsorge erweisen zu können, aber diese spannungsgeladene Wolke überschattete die häusliche Atmosphäre. Irgend etwas war zwischen uns nicht in Ordnung. Es war so etwas wie eine Wand zwischen uns.

Mit den Jahren wurde es immer schlimmer. Die Wand

schien unüberwindlich zu sein. Mir war nicht klar, wodurch sie entstanden war, und noch weniger wußte ich, wie sie zu beseitigen war. Manchmal hielt dieser Zustand während Tagen oder Wochen, ja sogar während Monaten an. Ich fühlte mich hilflos und unglücklich. Dabei wollte ich nicht, daß etwas zwischen uns stand, besonders nicht dieser namenlose, nicht zu packende Feind, den ich nicht definieren und bekämpfen konnte.

„Ich muß lernen, mich anzupassen", dachte ich, „Tausenden vor mir ist das schon so gegangen." Ich paßte mich an. Einige Jahre vergingen. Unsere kleine Laura kam zur Welt, und ich widmete ihr mein Leben und meine Zeit. Aber immer wieder mußte ich über die zerbrochene Kommunikation zu Charlie nachdenken und feststellen, daß die zärtlichen, romantischen Zeiten uns langsam entglitten waren. Es gab Momente, in denen wir uns wieder etwas näher zu kommen schienen, aber ihrer waren wenige, und dabei sehnte ich mich doch so nach Liebe!

Meine Gedanken wanderten zur Verlobungszeit zurück. Wie romantisch war Charlie damals gewesen! Ich erinnerte mich an seine wunderbaren Küsse — wie selten waren sie jetzt! Wo war mein leidenschaftlicher Liebhaber geblieben? Erst ein paar kurze Ehejahre lagen hinter uns, und doch fand ich mich schon seufzend vor dem Fernsehempfänger sitzen. Und während der Held auf dem Bildschirm seine Angebetete in die Arme nahm, sehnte ich mich danach, in Charlies Armen zu liegen, geküßt zu werden und mein Herz in seinen Umarmungen wieder höher schlagen zu fühlen.

Alle Artikel, die ich über Eheprobleme las, wußten Erklärungen dafür, wie es zu Veränderungen im Eheleben kommt. Die leidenschaftliche Liebe der ersten Zeit wandelt sich später zu einer ausgeglicheneren, gesetzteren Art von Liebe. Wenn ich meinen Ehemann Abend für Abend vor dem Fernsehgerät sitzen sah, dachte ich: „Jetzt haben wir sie — diese gesetztere Liebe." Mir gefiel sie kein bißchen.

Schnell aufgeregt, wie?

Einmal bezeichnete Charlie mich als mürrische Person. Ich hatte allerdings eine andere Vorstellung von mir. Trotz meiner sporadischen Ausbrüche dachte ich gerne von mir als einer ruhigen, heiteren Person. Ich sah in mir die liebende Ehefrau und Mutter, die ohne Mühe mit schwierigen Situationen fertig wurde und der jegliches Gezeter fremd war. Natürlich sah ich mich in einem zu rosigen Licht!

Eines Tages putzte ich das Haus gründlich — Freunde aus dem Norden wollten uns besuchen. Unter anderem polierte ich auch den Eßtisch auf Hochglanz. Kurz vor der Ankunft des Besuches kehrte Charlie heim und leerte seine Aktentasche aus — Bücher, Schlüssel und sonst noch allerhand Krimskrams —, und raten Sie einmal, wo? Natürlich auf dem Eßtisch, den ich auf Hochglanz gebracht hatte!

Zugegeben, ich reagierte ein wenig übertrieben. Als sich die Gewitterwolke wieder etwas verzogen hatte, blickte mich Charlie kühl an, und der Abscheu in seiner Stimme war nicht zu überhören, als er sagte: „He! Du regst dich aber schnell auf, wie?"

Da stand ich, wie vom Donner gerührt und durch seine Bemerkung bis ins Innerste verletzt. Habe ich etwa nicht das Recht auf Reaktionen? Aber ich mußte mir doch auch die Frage stellen: Bin ich tatsächlich schnell aufgeregt? Was war eigentlich mit mir los — mit uns beiden? Ich *war* oft mürrisch — oder genauer gesagt: giftig. Wenn das zutraf, dann war das Leben tatsächlich nicht lustig. In solchen Augenblicken gefiel mir nicht einmal meine eigene Gesellschaft. Wie konnte ich dann etwas anderes von meiner Familie erwarten?

Ich würde mir mehr Mühe geben müssen! Am nächsten Tag bereitete ich ein gutes Essen und nahm mir vor, lieb zu sein. Aber daraus wurde nichts. Mit seinen Kartoffeln auf dem Teller beschäftigt, sagte Charlie so nebenbei, wir würden am folgenden Abend mit einigen Geschäftsfreunden ausgehen. Ohne es zu wollen, platzte es aus mir heraus: „O nein, das geht nicht!" Und ich fing an, ihm zu erklären, daß ich schon etwas anderes für uns geplant hatte.

Ein fürchterlich steinerner Ausdruck kam in das Gesicht meines Gatten. Unwillkürlich versteifte ich mich. Mit eisiger Stimme und sichtbarer Selbstbeherrschung fragte er: „Warum forderst du mich bei jeder Entscheidung, die ich treffe, heraus?"

„Dich herausfordern?" wiederholte ich. „Ich fordere dich keineswegs heraus!"

„Ich schlage mich den ganzen Tag mit andern Leuten herum", fuhr er fort, „und beabsichtige nicht, nach Hause zu kommen und dann noch jeden Abend mit dir zu streiten!"

„Streiten?" protestierte ich schwach, „wir streiten uns doch nicht!"

Er sagte: „Von jetzt an mache ich es so: Wenn ich mit dir irgendwohin gehen will, sage ich es dir erst zwanzig Minuten vorher. Dann bleibt dir noch genug Zeit, dich fertig zu machen, und wir werden überhaupt nicht darüber argumentieren!"

Ja, mein gutes Essen war hin! Ich lief nach oben und weinte. Meine ganze kleine Welt um mich herum schien zusammenzubrechen. Was mich im Moment am meisten plagte, waren die zwanzig Minuten, die mir übrigblieben, um mich für einen Anlaß zurechtzumachen. Mein eigenes Leben würde zu einem Geheimnis für mich werden! Die Endgültigkeit, mit der Charlie sprach, erschreckte mich ebenfalls. Ich wußte, daß er es ernst meinte.

Als er nicht nach oben kam, um mich zu trösten, blieb mir schließlich nichts anderes übrig, als zu weinen aufzuhören. Ich begann, über unsere Ehe nachzudenken und zu ergründen, was eigentlich passiert war. Wir liebten uns doch. Unsere Beziehung war wahrscheinlich besser als die der meisten Ehepaare, die ich kannte. Aber obwohl wir als Mann und Frau zueinander gehörten, waren wir doch in der Seele nicht eins.

Mir war klar, daß ein paar Temperamentsausbrüche nicht den Gedanken an eine Scheidung rechtfertigten, aber ich wußte auch, daß wir in allem anderen als in einem ekstatischen Liebeszustand waren. Während ich an diesem Abend in meinem Schlafzimmer Bilanz zog, mußte ich mir selber eingestehen, daß es jedenfalls nicht zum besten mit uns bestellt war. Wir waren irgendwie in eine Sackgasse geraten.

Etwas Durchgreifendes mußte geschehen! Wenn es nämlich wie bisher weitergehen sollte, so würden wir uns in zehn Jahren hassen. Mittelmäßigkeit – egal in welcher Hinsicht – hat mir noch nie gefallen, am wenigsten in der Ehe. Ich wollte keine Durchschnittsehe, ich wollte die beste aller Ehen! In dieser Nacht entschloß ich mich, den Kollisionskurs, auf dem ich mich befand, zu ändern.

Charlie, der Beifallspender

Es begann damit, daß ich mein Wissen erweiterte. Ich kaufte alle Ehebücher, deren ich habhaft werden konnte. Ich las, bis mir die Buchstaben vor den Augen tanzten. Ich besuchte Kurse. Ich studierte Bücher über Psychologie. Ich vertiefte mich in die Bibel. Nach und nach formten sich in mir bestimmte Grundsätze, und ich fing an, sie auf mein Eheleben anzuwenden — die Resultate waren erstaunlich!

Indem ich lernte, diese Grundsätze auszuleben, veränderte sich meine Haltung von Tag zu Tag zusehends. Beinahe augenblicklich setzte auch bei Charlie eine Veränderung ein. Er begann wieder mit mir zu sprechen wie früher. Manchmal schienen ihm die Worte gar nicht rasch genug über die Lippen zu kommen. Ich fühlte mich wieder ganz verliebt. Die Ehe machte wieder Freude. Die Wand war verschwunden.

Eines Abends saßen wir im Bett und sprachen stundenlang darüber, was wir im Innersten fühlten. In trautem Einssein erzählte er mir wieder von seinen Hoffnungen und von seiner Arbeit. Ich konnte es kaum glauben, daß diese Herzenskommunikation zwischen uns zurückgekehrt war.

Ich bemerkte, daß wir uns wieder anlächelten. Ein wenig tat mir diese Erkenntnis weh, weil sie mir zeigte, wie weit wir uns vorher schon voneinander entfernt hatten. Wie selten hatten wir ein Lächeln füreinander übrig gehabt. Als wir uns dann einmal über einen kleinen Vorfall in der Familie amüsierten, dachte ich wehmütig: O weh, wie lange ist es her, daß wir zusammen so herzlich gelacht haben!

Anstatt daß Charlie sich allabendlich in seinem Fernsehsessel breitmachte, kuschelten wir uns auf dem Sofa wieder aneinander. Er tätschelte mich zu Hause jedesmal, wenn ich in seine Reichweite kam. Wir benahmen uns wie verliebte Teenager und nicht wie abgeschlaffte und programmierte Eheleute. War das ein Erlebnis, sage ich Ihnen!

Bei dieser wiederhergestellten Kommunikation zwischen uns war auch die Romantik nicht mehr fern. Mir wurde bewußt, daß mein so zurückhaltend gewesener Gatte sich ebensosehr danach gesehnt hatte wie ich.

Eines Nachts – wir hatten schon ein paar Stunden geschlafen – weckte er mich auf, nahm mich in seine Arme und sagte: „Liebling, ich möchte dir einfach sagen, wie sehr ich dich liebe." Sprach's, drehte sich auf die andere Seite und schlief prompt weiter.

Kann sein, daß Ihr Ehemann Sie regelmäßig mitten in der Nacht aufweckt, um Ihnen zu sagen, daß er Sie liebt – bei meinem war es jedenfalls während sechs Ehejahren nicht ein einziges Mal vorgekommen. Ich fragte mich, ob es die Anwendung dieser Grundsätze war, die die wunderbare Veränderung in der Haltung meines Mannes mir gegenüber verursacht hatte.

Am nächsten Morgen sagte Charlie am Frühstückstisch zu unsern beiden kleinen Mädchen: „Alle, die Mama liebhaben, sollen in die Hände klatschen!" Und alle drei applaudierten begeistert. Eine solche Demonstration von seiten meines sonst gar nicht so überschwenglichen Ehegatten überwältigte mich. Mein sachlich-nüchterner Rechtsanwalt ein Beifallspender? Das war zuviel.

Im Laufe der Woche gingen wir zum Finale eines Tennismatches. Während die Bälle flogen, hielt mich mein Mann fest an sich gezogen. Früher hatte er sich in der Öffentlichkeit immer sehr zurückhaltend gegeben; Händehalten hatte er überhaupt nicht gemocht. Sein jetziges Verhalten war so auffallend, daß einer unserer Bekannten wissen wollte: „Was ist denn mit euch beiden los? Seid ihr verliebt oder so etwas?" Am liebsten wäre ich aufgesprungen und hätte ausgerufen: „Jawohl! Und ich will euch sagen, wie das gekommen ist!"

Die Veränderungen in meinem Leben wirkten sich auf Charlies Lebensgewohnheiten in greifbarer Weise aus. Er begann, mir abends kleine Aufmerksamkeiten mitzubringen. Früher hatte er nie Geschenke mit heimgebracht. Es war etwas, das einfach nicht seine Art gewesen war. Mir hatte das keinen besonderen Kummer gemacht. Er war nun einmal sparsam, und ich hatte diese Tatsache akzeptiert. Sogar seine Freunde machten sich gelegentlich lustig über seine Manier, sich vor jedem Kauf drei Fragen zu stellen: „Benötigen wir es wirklich? Können wir uns das leisten? Können wir auch ohne das leben?" Nun, bis er zur Frage drei kam, war die Sache meistens schon entschieden.

Eines Tages telefonierte er mir und wollte wissen, ob ich am Nachmittag um drei Uhr zu Hause sein würde. Ich hatte keine Ahnung, was das bedeuten sollte. Aber um drei Uhr fuhr ein Lieferauto vor und lud einen neuen Kühlschrank bei mir ab! Die Überraschung war perfekt. Schon seit Jahren hatte ich gebohrt, um einen neuen zu bekommen, und seit ebensovielen Jahren hatte er nein gesagt. Wir hatten den unsrigen mit der Wohnung übernommen, und ich wollte endlich mal einen ohne die Keime von andern Leuten haben! Mein Mann hatte geantwortet: „Unsinn! Dieser hier funktioniert noch. Warum dann einen neuen kaufen?" Jetzt begann er aus freien Stücken, mir zu geben, was ich mir gewünscht hatte.

Früher hatte ich Charlie auch in den Ohren gelegen, mich das Wohnzimmer neu einrichten zu lassen. Drei Jahre lang probierte ich, seine Zustimmung zu erhalten. Die alte Einrichtung war mir mit der Zeit so sehr auf die Nerven gegangen, daß ich es haßte, das Zimmer zu betreten.

Ich nörgelte so lange daran herum, bis Charlie mir eines Tages voller Verzweiflung klarmachte: „Das Wohnzimmer gefällt mir genau so, wie es ist. Es wird nichts daran geändert, und ich möchte kein einziges weiteres Wort davon hören!" Ich war an jenem Abend besonders unglücklich, denn ich wußte, daß damit die Sache gänzlich abgeschrieben war.

Einige Monate waren seit meinem Entschluß, einen andern Kurs zu steuern, vergangen, als Charlie beim

Frühstück so nebenbei sagte: „Ich habe es mir überlegt, Liebling. Von mir aus kannst du mit dem Wohnzimmer vorwärtsmachen und es so einrichten, wie es dir gefällt. Und wenn du schon dabei bist, dann nimm dir doch auch noch das Eßzimmer vor." Ich ließ augenblicklich das Ausdrücken der Orange sein und drückte statt dessen ihn!

Diese wiedererwachte Liebe zueinander hat uns ein brandneues Zusammenleben gegeben. Die Ergebnisse der Anwendung gewisser Grundsätze in meiner Ehe waren so revolutionär, daß ich sie in einem vier Lektionen umfassenden Kurs weitergeben mußte. Nun tue ich es in diesem Buch. Einige der darin vorkommenden Illustrationen sind in Wirklichkeit auch Beispiele aus dem umfassenderen *Total Woman*-Kurs.

Für eine meiner Freundinnen war der Besuch meines Kurses die letzte Hoffnung. Sie und ihr Mann trugen sich mit dem Gedanken, sich scheiden zu lassen. Sie hatten schon seit Monaten kein gutes Wort mehr miteinander gesprochen. Eines Morgens hörte ihre fünfjährige Tochter in der Küche zu, wie die Eltern sich stritten. Schließlich sagte sie: „Wenn ich mal groß bin, will ich nie heiraten. Ich möchte nicht so tun wie du und Papa." Das versetzte der Mutter einen aufrüttelnden Schock, und sie erkannte, welch ein schreckliches Beispiel sie ihrem kleinen Mädchen bot.

Nach der ersten Kursstunde fragte die Mutter sich, wie sie wohl ihre Aufgabe schaffen sollte. Doch sie war fest dazu entschlossen, und als sie die folgende Woche wiederkam, strahlte sie. „Was ich die vergangene Woche gesehen habe, ist unglaublich", berichtete sie. „Vorher sprach mein Mann kein rechtes Wort mit mir. Aber trotzdem habe ich alle mir gestellten Aufgaben gemacht. Früher hatte er mir nie ein Geschenk mitgebracht, aber diese Woche hat er mir zwei Nachthemden, zwei Rosensträuße und einen Büchsenöffner gekauft!"

Einige meiner Bekannten haben mich gefragt, weshalb

ich das alles erzählen möchte. Es ist mir bewußt, daß vieles davon wie etwas aus einer eleganten Zeitschrift klingt, und in gewisser Weise stimmt das auch. Der einzige Grund, warum ich es weitergebe, ist dies: Mein Leben hat sich zum Guten verändert. Wenn eine andere Frau aus meinen Fehlern lernen und Nutzen ziehen kann — sollte das nicht genügend Grund sein?

Dieses Buch erhebt durchaus nicht den Anspruch, der Eheweisheit letzter Schluß zu sein. Weit davon entfernt. Ich gebe nicht vor, eine automatische, gebrauchsfertige Antwort auf jedes Eheproblem zu haben. Ich glaube jedoch an die Möglichkeit, daß praktisch fast jede Frau ihren Mann innerhalb weniger Wochen da haben kann, wo er ihr uneingeschränkte Verehrung entgegenbringt. Sie kann die eheliche Gemeinschaft wiederherstellen, Barrieren niederreißen, die Romantik in ihre Ehe zurückkehren lassen und sie wieder mit neuer Liebesglut beleben. Es liegt wirklich an ihr. Sie besitzt die Macht dazu.

Sollten Sie durch das Lesen und die Anwendung dieser Grundsätze eine „totale Frau" werden, mit einem Ehemann an Ihrer Seite, der Sie mehr denn je liebt, dann werde ich für die Mühe, dieses Buch geschrieben zu haben, belohnt sein.

2 Die Zeit auskaufen

Die typische Hausfrau beginnt jeden neuen Tag voller guter Absichten. Sobald ihr Mann und die Kinder aus der Tür hinaus sind, wendet sie sich mutig dem häuslichen Schlachtfeld zu. Aus jeder von Unordnung verunzierten Ecke schreit es: „Mache mich sauber!" Was muß zuerst in Angriff genommen werden? Das schmutzige Geschirr, die Betten, die Wäsche, die gebügelt werden muß? Der Gang ins Lebensmittelgeschäft oder die anderen Besorgungen?

Und mitten hinein in dieses Trauma klingelt das Telefon. Heute morgen ist es eine Bekannte, die Schwierigkeiten mit ihrem Mann hat. Zwanzig Minuten dauert die Jeremiade, die sie anhören muß. Als sie endlich den Hörer auflegen kann, will die Verzweiflung sie packen. Fast der halbe Vormittag ist bereits dahin! Deprimiert schenkt sie sich noch eine Tasse Kaffee ein.

Für den Rest des noch verbleibenden Tages kann sie zwischen verschiedenen Möglichkeiten wählen. Sie kann jammern, die Märtyrerin spielen oder sich auch mit einer Pralinéschachtel vor den Fernsehapparat flüchten und ihre Lieblingsoper anschauen. Wenn die Kinder so gegen drei Uhr nach Hause kommen, schreit sie sie an, weil sie über sich selber verärgert ist.

Neulich kam eine Arztfrau bei mir vorbei, um mit mir über ein Problem zu diskutieren, das ihr jeden Nachmittag zu schaffen machte. Ihr Mann diagnostizierte es als das „Halbfünf-Uhr-Syndrom". „Jeden Nachmittag gegen halb fünf", klagte sie, „schleppe ich mich in die Küche und überlege krampfhaft, was ich nur zum Abendessen machen könnte."

Die Symptome dieses „Krankheitsbildes" einer typischen Hausfrau sind ziemlich gut zum voraus erkennbar. Zuerst wirft sie einen Blick in die Tiefkühltruhe und wünscht, das Tiefgefrorene würde durch ein Wunder auf der Stelle auftauen. Dann öffnet sie den Kühlschrank und wird sich nicht schlüssig, ob sie *chicken à la king* oder Thunfisch aus der Büchse servieren soll, wohl wissend, daß weder das eine noch das andere ihrem Ehegatten Entzückungslaute entlocken würde. Schließlich packt sie frustriert die Kinder ins Auto, kämpft sich durch den Fünf-Uhr-Stoßverkehr bis zu ihrem Lebensmittelladen hindurch, um endlich mit Kopfweh und einem Pfund Hamburger nach Hause zurückzukehren. Bis dann ihr Mann die Szene betritt, ist sie erledigt und zu müde, ihm ihre Freundlichkeit zu widmen. Sie gibt ihm die Schuld für diese Art menschlichen Daseins und flüchtet sich mit ihrer Frustration in mancherlei andere Geschäftigkeiten. Um zehn Uhr ruft sie ihre Freundin an und führt ein dreiviertelstündiges Telefongespräch mit ihr, während in der Zwischenzeit ihr Mann in die Bildröhre guckt. Sobald er die erste andeutungsweise Bewegung zu ihr hin macht, beginnt sie mit einem neuen Putzprojekt oder greift zum Nähzeug.

Der Mann fühlt sich einsam und denkt verwirrt: „Sie will meine Gesellschaft nicht mehr." Er kommt sich zurückgestoßen vor, gibt sich reserviert oder mürrisch, und manchmal flüchtet er sich ins Bett.

Vielleicht gleichen Sie den vielen Frauen, die sagen: „Tut mir leid, ich habe zu tun. Da sind meine sieben Kinder, und ich bin überarbeitet." Ich kenne solche, die einst verbitterte und zermürbte Hausfrauen waren, jetzt aber in ruhige und freundliche totale Frauen umgewandelt sind! Wenn Sie die Zeit auskaufen, können auch Sie das „Halbfünf-Uhr-Syndrom" überwinden.

Ihr Schlachtenplan

Als Charles M. Schwab Präsident der Bethlehem-Stahlwerke war, konfrontierte er Ivy Lee, einen Managementberater, mit einer nicht alltäglichen Herausforderung: „Zeigen Sie mir einen Weg, wie ich mehr leisten kann", verlangte er. „Wenn es funktioniert, werde ich Sie gut honorieren."

Lee reichte Schwab ein Stück Papier. „Schreiben Sie auf, was Sie morgen zu tun haben", sagte er. Schwab schrieb. „Jetzt numerieren Sie die einzelnen Aufgaben in der Reihenfolge ihrer tatsächlichen Wichtigkeit", fuhr Lee fort. Schwab tat es. „Als erstes", instruierte Lee ihn, „nehmen Sie sich morgen Punkt eins vor und bleiben dabei, bis er erledigt ist. Dann kommen Sie zu Punkt zwei und gehen nicht weiter, bis auch er erledigt ist. Dann folgt Nummer drei und so weiter. Sollten Sie nicht alles auf der Liste Erwähnte schaffen können, machen Sie sich keine Sorgen darüber. Sie werden wenigstens die wichtigsten Sachen hinter sich gebracht haben, ehe Sie sich mit weniger bedeutenden Dingen befassen. Das Geheimnis liegt darin, das jeden Tag zu tun", fuhr Lee weiter. „Schätzen Sie die relative Wichtigkeit Ihrer Aufgaben ab ... setzen Sie Prioritäten ... führen Sie Buch über erledigte Dinge. Machen Sie sich das zur Gewohnheit – jeden Arbeitstag. Und wenn Sie sich selber vom Wert dieses Systems überzeugt haben, lassen Sie es Ihre Leute versuchen. Probieren Sie es aus, solange Sie wollen. Dann schicken Sie mir einen Scheck in der Höhe, die Ihrer Meinung nach dem Wert dieser Idee entspricht."

Nach einigen Wochen überwies Charles Schwab einen Scheck an Ivy Lee im Werte von 25 000 Dollar. Schwab sagte später, daß diese Lektion die nützlichste war, die er je in seiner ganzen Geschäftskarriere gelernt hat.

Wenn das bei einem Stahlwerk funktioniert, dann wird es auch bei Ihnen zu Hause funktionieren! Sie können diesen Plan übernehmen — kostenlos! Ihnen wird mehr Zeit zur Verfügung stehen, Sie werden mehr leisten, und Sie werden auch mehr für Ihren Mann dasein.

Die Wichtigkeits-Liste

Wenn Ihr Mann in den nächsten zehn Minuten heimkäme — welcher Anblick würde sich ihm bieten? Schauen Sie sich doch mal gerade jetzt um. Steht die WC-Tür offen? Liegen in der ganzen Wohnung Spielsachen verstreut umher? Ist der Spültisch voll von schmutzigem Geschirr, und steht der Staubsauger noch mitten im Wohnzimmer? Verzweifeln Sie nicht! Ich will Ihnen zeigen, wie Sie Ihre Wohnung so in Ordnung bringen und halten können, daß Sie auch den vornehmsten Besuch nicht zu scheuen brauchen, und wie Sie dabei doch noch Zeit genug für sich selber übrigbehalten werden.

1. Nehmen Sie sich jetzt einen Moment Zeit und schreiben Sie alles auf, was Sie morgen zu erledigen haben. Warten Sie damit nicht bis zum Morgen, denn dann werden die Forderungen des neuen Tages Sie bereits stark bedrängen. Lassen Sie sich nicht entmutigen, wenn die Liste lang werden sollte. Vielleicht haben Sie noch eine Menge nachzuholen.

Verwenden Sie nur *ein* Blatt Papier zum Aufschreiben all dessen, was Sie morgen tun müssen. Eine von meinen Freundinnen verwendet eine ganze Anzahl von Zetteln. Anstatt sich an eine Hauptliste zu halten, hat sie in jedem Zimmer einen besonderen Zettel, ebenso im Auto. Sie gibt zu, daß ihr Tagesprogramm zwischen Chaos und Zufall hin und her pendelt.

Eine andere Bekannte sagte mir: „Ich mache auch eine Aufstellung. Aber ich behalte sie im Kopf und verschwende keine Zeit mit Aufschreiben." Machen Sie sich von jetzt an Notizen. Überlassen Sie die Gedächtnisarbeit der Hauptliste. Sie haben Wichtigeres zu tun, als sich krampfhaft erinnern zu müssen.

Vergessen Sie nicht sich selber auf der Liste. Reservieren Sie für sich jeden Tag etwas Zeit: für Ihre Näharbeit, für die Maniküre, für das Buch, das Sie noch gerne lesen wollen, für die Arbeit im Garten oder vielleicht nur für ein Nickerchen. Setzen Sie es auf Ihre Liste, Sie werden sonst nicht dazu kommen. Jackie Kennedy führte, als sie First Lady im Weißen Haus war, eine Liste, die stündlich nachgeführt wurde, und ihr stand ein ganzes Bataillon Dienstpersonal zur Verfügung. Denken Sie daran, daß in Ihrem Haus — sei es weiß, gelb, groß oder klein — Sie die First Lady sind.

2. Stufen Sie auf Ihrer Liste die einzelnen Aufgaben nach ihrer Wichtigkeit ein. Bezeichnen Sie sie mit eins, zwei, drei und so weiter. Wenn Ihr Mann Sie um eine Besorgung bittet, dann erwartet er von Ihnen, daß Sie sie erledigen, ohne Sie daran erinnern zu müssen. Das nächste Mal, wenn er Ihnen eine Aufgabe überträgt, schreiben Sie sie auf. Geben Sie ihr Vorrang auf Ihrer Liste. Bereits sind zahlreiche Ehemänner so von der

Wirksamkeit dieser Methode überzeugt, daß sie ihre Frauen gar nicht erst um Erledigung gewisser Dinge bitten, sondern selber auf der Aufgabenliste notieren, was sie getan haben wollen.

Stellen Sie auch die unangenehmen Aufgaben vornan. Ich gebe mir Mühe, diese Dinge morgens hinter mich zu bringen, wenn ich noch frisch bin, und nicht erst gegen vier Uhr nachmittags, wenn ich schon beinahe erledigt bin. Die totale Frau wird ihre Leistungsfähigkeit nicht wirksam entfalten können, wenn sie den ganzen Tag über von nagenden Gedanken gebremst wird. Oben auf die Liste für den nächsten Tag gehört auch das, was Sie gerne aufschieben möchten. Wischen Sie es nicht einfach unter den Teppich. Schauen Sie solchen Obliegenheiten mutig ins Auge, und nehmen Sie sich diese als erstes am nächsten Morgen vor.

3. Fangen Sie am Morgen mit Punkt eins an, und hören Sie nicht eher damit auf, bis er erledigt ist. Erst dann kommt Punkt zwei, und nur wenn dieser fertig ist, gehen Sie zu Punkt drei weiter. Führen Sie jede Arbeit zu Ende.

Welch eine Befriedigung, eine Sache gründlich getan zu haben und nicht nochmals zu ihr zurückkehren zu müssen! Wenn Sie im Laufe des Tages einen Punkt um den andern abhaken können, wird Sie im Blick auf das, was Sie bereits geschafft haben, Genugtuung erfüllen. Es bereitet mir immer Freude, eine getane Arbeit auf der Liste durchstreichen zu können. Es ermutigt mich auch, die andern Punkte auf der Liste in Angriff zu nehmen.

Machen Sie sich keinen Kummer, wenn Sie nicht alles auf Ihrer Liste schaffen; das Wichtigste haben Sie auf jeden Fall erledigt. Es hat einfach nicht für mehr gereicht. Freuen Sie sich über das, was Sie geschafft haben.

4. Verwenden Sie zum Aufschreiben Ihres Tagesprogramms am besten ein Ringbuch oder einen Kalender mit genügend Zwischenraum für die Notizen. Auf diese Weise führen Sie so etwas wie ein laufendes Tagebuch über Ihre Hausarbeit. Sie werden nachschauen können, wann Sie das Paket abgeschickt, Ottos Anzug in die chemische Reinigung gegeben oder den Handwerker wegen der Reparatur angerufen haben.

Auf dem Weg zum Abendeinkauf bemerkte Margaret beim Vorbeifahren eine Anzahl Autos auf dem Parkplatz vor der Kirche, zu der sie gehörte. Während sie sich fragte, was da wohl los sei, fiel es ihr auf halbem Wege zwischen Kirche und Supermarkt plötzlich ein. Heute abend war ja Kommissionssitzung, und sie sollte den Vorsitz führen! Vor zwanzig Minuten hätte sie bereits dabeisein sollen, und so raste sie zurück zur Kirche und leitete die Versammlung in Hosenrock und Turnschuhen.

Am folgenden Tage erzählte sie in der *Total Woman*-Klasse von ihrem kleinen Mißgeschick. Anstatt die Sitzung auf ihrem Pflichtenblatt zu vermerken, hatte sie lediglich eine kleine Notiz über dem Küchenherd angebracht und sie natürlich beim Verlassen des Hauses vergessen!

ABC-Geschäft

Ganz oben auf meinem täglichen Schlachtenplan hatte ich geschrieben: „Mittagessen nach dem Frühstück vorbereiten." Ich gestehe, daß mich das beim erstenmal anwiderte. Ich ließ nämlich sonst die Küche immer so schnell wie möglich hinter mir. Aber ich fand heraus, daß sich auch diese Hürde nehmen läßt. Ich überlege mir bereits am Vorabend, was ich am nächsten Tag auf den Tisch bringen will. Den Salat, das Dessert oder irgendwelche Zutaten zum Mittag bereite ich gleich nach dem Frühstück. Manche totale Frau hat ihren Mittagstisch schon um 9 Uhr gedeckt und das Mittagessen so weit wie möglich vorbereitet. Die mit der herannahenden Essenszeit sich einstellenwollende Panik bleibt ihr erspart. Das können Sie sich auch zum Ziel setzen. Es ist bestimmt möglich, daß Sie bis Mittag all Ihre Hausarbeiten getan haben.

Ich bin ein unheilbarer Optimist, doch da ich mit einem Rechtsanwalt verheiratet bin, habe ich gelernt, mit allerlei unvorhergesehenen Umständen zu rechnen. Manchmal muß ich dann denken: „Wahrscheinlich wird wieder alles mögliche schiefgehen." Das läßt mich in der nüchternen Wirklichkeit bleiben. Deshalb habe ich einen Alternativplan. Geht alles glatt — prima! Das überrascht mich nicht, und ich freue mich darüber. Wenn nicht, kommt Plan B zur Anwendung.

Häufig treten unerwartete Dinge ein, die ich nicht auf meinem Schlachtenplan finde. Die Kinder werden krank, es kommt überraschender Besuch, die Waschmaschine geht kaputt. Manchmal telefoniert mein Mann und lädt mich irgendwohin zum Essen ein. Wer kann das alles voraussehen? Weil ich weiß, daß das Leben voller Überraschungen ist, versuche ich, nicht den Kopf zu verlieren, wenn alles über den Haufen geworfen wird. Ich gebe mir Mühe, ruhig zu bleiben und Plan B (oder wenn nötig Plan C oder D) durchzuführen. Ich bin dabei zu lernen, Unterbrechungen willkommen zu heißen.

Neulich schaute eine Nachbarin bei mir herein. Sie sah abgespannt aus. Doch statt zu weinen, lachte sie, als sie sagte: „Also, jetzt bin ich bei Plan G angelangt. Aber meinen Sie, ich hätte meine Ruhe verloren? Es ist erstaunlich, wie anders ich jetzt die Probleme sehe. Es ist für mich fast eine Herausforderung, herauszufinden, ob ich mit Plan B genauso zurechtkomme wie mit meinem ursprünglichen Plan. Dieses ABC-Geschäft kommt mir wie ein Spiel vor, das ich mit den Tücken des Tages spiele – und ich bin am Gewinnen!" Hier war eine glückliche und bewegliche totale Frau.

Lernen Sie, aus Enttäuschungen und Kummer Nutzen zu ziehen. Das ist nicht herzlos, das ist weise! Wenn etwas schiefgeht, beziehen Sie es in Ihren Plan ein. Widerwärtigkeit kann Sie besser statt bitter machen. In der Bibel schreibt der Apostel Jakobus: „Nehmt es, liebe Brüder, rein als Grund zur Freude, wenn es in eurem Leben durch allerlei Proben geht!" (Jakobus 1,2)

Gott läßt Herzenskummer zu, damit der Mensch ihm vertrauen lernt. König Salomo, der weiseste Mensch der Welt, wußte das. Er entwickelte eine wunderbare Gewohnheit, um sich Herzeleid zu ersparen. Jeden Tag betete er über seiner Aufgabenliste: „Befiehl dem Herrn dein Tun, dann werden deine Pläne gelingen" (Sprüche 16,3). Ich bete auch über meiner täglichen Liste. Das öffnet dem Leben eine neue, aufregende Dimension.

Diejenigen, welche diesen Schlachtenplan erprobt haben, schwören darauf. Er hat das Leben von vielen verändert. Wenn Sie – egal, was für eine Natur Sie sind – ihn in die Praxis umsetzen, werden Sie zielbewußter und leistungsfähiger leben. Sie werden mit weniger Kräften mehr erreichen, als Sie je für möglich hielten. Ihnen wird noch Energie übrigbleiben. Ein Gefühl von Genugtuung wird Sie erfüllen. Das gehört zu einem glücklichen Leben.

Was Ihren Mann betrifft – er wird begeistert sein! Jeder Mann schätzt Ordnung, und er wird sich besonders freuen, wenn er sie in seinem eigenen Haus antrifft. Er wird sich über Sie freuen, über Ihre Fähigkeiten, über Ihre Lebensfreude. Wenn Sie ordnungsliebend und tüchtig sind, wird seine Liebesflamme wieder heller lodern.

Morgen ist ein neuer Tag. Ihr Schlachtenplan wartet auf Sie!

3 Innendekoration

Jim und Donna Robinson kehrten mit ihren kleinen Mädchen aus den Bergen zurück. Zwei Wochen lang hatte die Jüngste – zweijährig – an Donnas Rockzipfel gehangen, und Donna reagierte dementsprechend. Durch den Mangel an Ruhe und Entspannung war sie bis zum äußersten frustriert. Die ganzen Ferien hatten ihr überhaupt nichts eingebracht.

Um die zwischen ihnen allen herrschende Spannung etwas zu lockern, machte Jim in einem kleinen, malerischen Städtchen einen Mittagshalt. Vor dem Essen bummelten sie noch durch den Park und den angrenzenden Friedhof. Das waren die ruhigsten Minuten der ganzen Reise. Durch die Gräberreihen dahinschlendernd, las Donna gedankenabwesend die Grabinschriften. Da blieb ihr Blick beim Grabstein einer Mutter hängen, auf dem geschrieben stand: *Sie war unser Sonnenschein.*

Während dem Essen mußte Donna immer wieder denken: „Wenn ich jetzt tot umfiele, wäre das vermutlich das letzte, was man auf meinen Grabstein setzen würde." In diesem Augenblick faßte sie den Entschluß, alles in ihren Kräften Stehende zu tun, um für die Ihrigen ein Sonnenschein zu sein. Der Rest der Ferien verlief noch einmal so schön.

Es liegt in Ihrer Macht, die häusliche Atmosphäre zu heben oder vor die Hunde gehen zu lassen. Der in Ihrer Familie herrschende Geist wird von Ihnen bestimmt. Sind Sie heute heiter gestimmt, besteht alle Wahrscheinlichkeit, daß auch Ihr Mann und die Kinder heiter sind. Sind Sie mürrisch, werden die andern es wahrscheinlich auch sein, weil sie sich im täglichen Leben nach Ihnen richten.

Wie ist Ihre Einstellung zu Ihren täglichen Pflichten? Bieten Sie einen angenehmen Umgang, auch wenn Ihr Mann Ihren Einsatz nicht würdigt? Wissen Sie, daß Ihre persönliche Stimmung von der Einstellung abhängt, für die Sie sich entschieden haben? Tatsächlich. Norman Vincent Peale sagt, daß die Einstellung wichtiger ist als Tatsachen. Sie können jetzt entscheiden, auf welchem Niveau Sie leben wollen – ungeachtet der Einstellung Ihres Mannes.

Ein Ehemann sagte: „Ich habe es satt, all diese Einkaufsrechnungen zu bezahlen. Höre endlich auf, soviel Geld auszugeben!" Das von der Frau bevorzugte Geschäft hatte gerade Ausverkauf, und so dachte sie, ihr Mann sei absichtlich knausrig. Sie nahm seine Kritik mit einer negativen Einstellung auf und sprach tagelang fast kein Wort. Sie hatte keine Lust, irgendetwas in ihrem Haushalt anzupacken. Die schmutzige Wäsche türmte sich und hätte ihr gestohlen werden können, wenn es nach ihr gegangen wäre. Sie war emotionell und physisch wie erledigt, weil sie ihr Verhalten von ihrer Einstellung bestimmen ließ.

Eine gute Ehe bedeutet nicht in erster Linie, den richtigen Partner zu finden, sondern selber der richtige Partner zu *sein*. Die meisten mir bekannten Frauen würden ihre Rolle als Ehefrau und Mutter gerne besser spielen, weil es ihnen vor allem um das geht, was sie *tun*. Ihre Rolle als Frau ist jedoch etwas, das sie *sind*, und das führt uns zum Wesentlichen.

Eine meiner Kursteilnehmerinnen meinte: „Ich habe eine Menge Innendekoration nötig. Es sieht so aus, als hätte ich für die nächste Zeit ganz schön zu tun." Sie hatte recht. Die Innendekoration Ihrer Einstellung bringt gewiß einiges an Arbeit mit sich, aber das Ergebnis entschädigt reichlich für alle Mühe.

Lebensplanung

Sie können der Sonnenschein Ihrer Familie werden, aber zuerst müssen Sie wissen, wo die Wolken sind. Es war Sokrates, der sagte: „Sich selbst zu erkennen ist der Anfang der Weisheit." Jesus verhieß: „Ihr werdet die Wahrheit erkennen, und die Wahrheit wird euch freimachen" (Johannes 8,3). Das ist leicht gesagt, doch wie kommt man dahin, sich selber zu erkennen?

Für den Anfang empfinde ich es als Hilfe, wenn man seine Lebensphilosophie als Frau aufschreibt. Das erfordert etwas Zeit von Ihnen und Nachdenken, aber es lohnt sich bestimmt, einmal zu Papier zu bringen, wie Sie im tiefsten Grunde zum Leben eingestellt sind.

Als Richtlinie können Sie sich zu Anfang fragen: Wer bin ich? Wohin gehe ich? Warum bin ich hier? Das Nachdenken über diese Fragen führt oft zu den Antworten. Eine junge Frau geriet bei diesem Vorschlag in große Verwirrung, weil sie keine Lebensphilosophie besaß. Später sagte sie dazu: „Diese Kursaufgabe wurde zur größten Herausforderung meines Lebens. Meine Gedanken niederzuschreiben zwang mich, mich zu fragen, wohin ich unterwegs war." Jetzt weiß sie es.

Wenn Sie etwas von Fußball verstehen (dem Spiel,

das Woche für Woche Ihren Mann in den Bann schlägt), dann wissen Sie wahrscheinlich, daß jede Mannschaft so etwas wie eine Spielplanung hat. Haben Sie auch eine Planung für Ihr Leben? Es ist etwas um eine Frau, die weiß, was sie im Leben will, und das macht sie zu einer sehr interessanten Partnerin. Wie können Sie eine solche Art von Frau werden?

Mehr als ein Traum

Werfen Sie einen gründlichen Blick auf sich selbst. Beginnen Sie mit einer Liste, auf der Sie vier Spalten einzeichnen: Vorzüge, Schwächen, kurzfristige Ziele und langfristige Ziele.

1. *Zählen Sie die Gebiete auf, wo Sie Ihre Vorzüge sehen.* In Ihnen liegen große Möglichkeiten, ungenutzte Quellen, die Sie noch gar nicht angezapft haben. Schauen Sie an, was Sie gut machen. Was ist Ihre bevorzugte Freizeitbeschäftigung? Verschaffen Ihre häuslichen Talente Ihnen Befriedigung? Bringt Ihre Kochkunst Ihnen begeistertes Lob ein? Fühlen sich die Menschen in Ihrer Gegenwart wohl? Besitzen Sie eine besondere Fähigkeit, mit der Sie der Gesellschaft dienen können? Gebrauchen Sie diese verborgenen Talente. Entfalten Sie sie. Sie sind zu viel mehr fähig, als Sie denken!

2. *Welches sind Ihre Schwächen?* Schreiben Sie ehrlich jedes Gebiet auf, wo Sie sich unsicher fühlen. Sie sollten Ihre Schwächen auch im Licht Ihrer Kindheit sehen. Vielleicht verlief sie glücklich, vielleicht tragisch, eventuell war von beidem etwas da. Jene Jahre haben natürlich eine große Wirkung auf die Art und Weise, wie Sie heute auf das Leben reagieren. Sie haben diese Ver-

haltensmuster mit in die Ehe gebracht. Was immer auch Ihre Vorgeschichte ist — innere Probleme können bei Ihnen heute gelöst werden. Das ist ermutigend, denn das Heute haben Sie.

Schreiben Sie Ihr peinlichstes Erlebnis auf, Ihre Kränkungen, Ihre Ängste. Erinnern Sie sich an Erfolgsmomente und wie diese Ihnen später zu neuer Kraft verholfen haben. Ihre Vergangenheit zu Papier zu bringen, wird Ihnen eine Hilfe sein, sich selber zu verstehen.

Sie brauchen keinem zu zeigen, was Sie aufgeschrieben haben. Sie sehen jetzt sich selbst, ohne etwas zu verdecken. Sie müssen jetzt keine Rolle spielen. Warum haben Sie gerade so gehandelt, wie Sie es taten? Warum hat sich die Familie so entwickelt? Betrachten Sie die Vorzüge und Schwächen Ihrer Eltern. Was hat Ihnen an Ihrer Mutter gefallen, an Ihrem Vater? Was hat Ihnen an ihnen mißfallen? Wie haben Sie sich in Streßperioden getröstet? Haben Sie geweint oder gegessen oder Geld ausgegeben?

Nehmen Sie sich dafür genügend Zeit. Schreiben Sie Ihre Gedanken auf. Es ist eine wunderbare Therapie und lohnt die Mühe. Groll in Ihrer Seele ist wie ein Splitter im Fuß. Es schmerzt irgendwo, unbewußt vielleicht, aber es tut weh. Wenn Sie den Splittter herausziehen und das Problem beim Namen nennen, ist ein erster Schritt zur Heilung getan.

Das heißt nicht, daß diese Übung irgendeine von Ihren Schwächen beseitigt, aber es hilft Ihnen, aus der Schwäche Ihre Stärke zu machen.

3. *Schreiben Sie Ihre persönlichen kurzfristigen Ziele auf — nicht die, welche Sie sich mit Ihrem Mann gesetzt haben, sondern Ihre eigenen.* Notieren Sie, was Sie für sich als Individuum, als Ehefrau und als Mutter erstreben.

Machen Sie einen Versuch. Halten Sie gerade jetzt mit Lesen ein und schreiben Sie Ihre momentanen Ziele auf. Dann verteilen Sie sie auf drei Spalten: für morgen, für diese Woche und für diesen Monat. Schreiben Sie alles auf, was Ihnen einfällt. Versuchen Sie nicht, zu tiefgründig zu sein. Manche Ihrer Hauptziele sehen vielleicht einfach aus. Eine Geschäftsfrau sagte mir, daß ihre kurzfristigen Ziele darin bestünden, ein gutes Familienleben zu führen, gut zu kochen, eine verständnisvolle Mutter sowie fröhlicher und weniger verdrossen zu sein. Den nächsten Tag begann sie mit einer ganz neuen Einstellung. Sie kam sich wieder nützlich vor, weil sie auf ihre Ziele hinarbeitete.

Eine andere Frau gab als ihre Ziele an: Den Chef zum Essen einladen, die Schränke aufräumen, mit Rauchen aufhören, die Briefschulden erledigen und Gewicht abnehmen. Beim Setzen der Prioritäten bekam die Gewichtsabnahme Platz eins. Sie nahm siebeneinhalb Kilo in sechs Wochen ab. Ihrem Mann gefiel ihre neue Figur so sehr, daß er ihr eine komplett neue Garderobe kaufte. Sie hätten kaum einen glücklicheren Menschen finden können!

Mit Hilfe dieser Aufstellung Ihrer kurzfristigen Ziele werden Sie auch jene Dinge aussieben können, die nicht unmittelbare Aufmerksamkeit erfordern. Arbeiten wie das Aufräumen des Wäscheschrankes oder das Polieren des Silberbestecks können auf Ihren Schlachtenplan von morgen oder von der übernächsten Woche gesetzt werden.

4. *Schreiben Sie Ihre langfristigen Ziele auf.* Was hoffen Sie in zehn Jahren zu sein? Seien Sie genau. Zählen Sie die Lebensbereiche auf, in welchen Sie sich als Ehefrau und Mutter bessern möchten. Sie können Ihre Ziele erreichen. Diese sind mehr als ein Traum!

Schönheitsfehler

Eine junge Frau im *Total Woman*-Kurs schrieb über ihre Lebensphilosophie unter anderem: „Ich glaube, mein Mann liebt mich; das ist ein Segen. Ich bin aber nicht so sicher, ob ich ihn liebe. Ich liebe Gott und meine Kinder. Kann sein, daß ich nicht einmal mich selber liebe. Ich scheine immer auf der Suche zu sein und möchte doch gerne einmal etwas erreichen."

Heute haben sich viele Frauen selbst nicht akzeptiert. „Wenn ich nur schön wäre", träumen viele. „Wenn ich nur mehr Geld hätte, wenn ich nur jemand anders geheiratet hätte, wenn nur, wenn nur..." Eine tragische Art, so zu leben. Nur sehr wenige Frauen sind mit einem Millionär verheiratet. Nur sehr wenige Frauen gleichen einer Schönheitskönigin. Und auch schönes Aussehen macht nicht unbedingt glücklich. Unlängst gestand eine ehemalige Miß Amerika, daß auch sie ihre Schönheitsfehler habe und es nicht mehr ertrüge, sich im Spiegel zu betrachten.

Jesus sagte: „Liebe deinen Nächsten wie dich selbst" (Matthäus 19,19). Wenn Sie nicht sich selbst lieben können, sind Sie unfähig, andere zu lieben, denn Sie haben nichts zu geben. Mehr noch: Wenn Sie nicht sich selbst lieben, wird Ihr Mann Sie auch nicht lieben können.

Vor Jahrhunderten schrieb David in den Psalmen: „Ich danke dir, daß du mich so wunderbar geschaffen hast" (Psalm 139,14). Wenn Sie sich anders machen können, so tun Sie es. Können Sie es nicht, so akzeptieren Sie sich selbst als Gottes Schöpfung, wer und was Sie auch sind.

Treten Sie nach dem Bad heute abend vor den Spiegel und betrachten Sie aufmerksam Ihren Körper. Sagen Sie zu dem Mädchen vor sich im Spiegel: „Ich akzeptiere mich so, wie ich bin — mit allen Unvollkommenheiten." Es mag nicht so einfach sein, wie es sich anhört, aber es ist wichtig. Verschließen Sie nicht die Augen vor Ihren Schwächen, sondern stehen Sie realistisch zur Tatsache, daß sie vorhanden sind. Sie sind nur ein Mensch. Sie haben — wie alle andern auch — Ihre Beschränkungen. Leben Sie damit. Seien Sie nicht zu hart gegen sich selbst; machen Sie sich nicht selber herunter.

Eine Bekannte sagte einmal zu mir: „Es ist beinahe so, als ob ich eine Erlaubnis brauche, mich selbst zu lieben." Vielleicht sieht es nach Selbstsucht aus, sich selbst zu lieben. Doch Sie kommen nicht darum herum, wenn Sie die andern lieben wollen, Ihren Mann eingeschlossen. Tun Sie es aber — und das heißt, daß Sie sich selbst sind —, so halten Sie sich von Verklemmungen frei und können erreichen, was Sie sich vorgenommen haben. Sie werden ein inneres Wohlbehagen empfinden.

Wenn Sie sich selbst verstehen, akzeptieren und lieben, dann haben Sie die Freiheit, sich selbst zu sein. Shakespeare sagte:

> Vor allem dieses: Sei wahr mit deinem eignen Selbst, und darauf folgt — wie Tagesröte auf die Nacht — daß ohne Falsch du zu den andern bist.

Was er vor vierhundert Jahren sagte, birgt Wahrheit in sich. Seien Sie wahr zu sich selbst und seien Sie sich selbst. Nehmen Sie Ihre Persönlichkeit an!

Haltung und Selbstvertrauen sind jeder Frau zugänglich. Entdecken Sie, wer Sie sind und wohin Sie gehen. Entwickeln Sie Ihre eigenen Überzeugungen. Haben Sie den Mut, auf Ihrem Niveau zu leben. Freuen Sie sich an Ihrer Einmaligkeit in der Welt.

Verstehen, Annehmen und Lieben sind Prozeße. Sie vollziehen sich nicht an einem einzigen Tage, in einer Woche oder in einem Jahr. Aber sobald Sie damit anfangen, sind Sie auf dem Wege. Sie sind dabei, Ihrem Mann, Ihren Kindern, Ihren Bekannten und der Welt näherzukommen. Sie brauchen keine Zuschauerin zu sein. Sie können mitten in das Leben hineinspringen, sobald Sie innere Sicherheit erlangt haben. Sie werden nicht mehr Zaungast des Geschehens sein oder fragen: „Was geschieht da?" Sie selbst werden das Geschehen sein.

Aufgabe

1. Machen Sie eine Liste von allem, was Sie morgen erledigen müssen. Ordnen Sie alles in der Reihenfolge seiner Wichtigkeit, und nehmen Sie Ihren Schlachtenplan in Angriff!

2. Schreiben Sie Ihre eigene Lebensphilosophie nieder. Fragen Sie sich: „Wer bin ich? Wohin gehe ich? Wozu bin ich da?"

3. Schreiben Sie all Ihre Vorzüge und Ihre Schwächen auf. Seien Sie dabei realistisch und ehrlich. Dann akzeptieren Sie bewußt Ihre Unvollkommenheiten. Entschließen Sie sich, Ihre Kräfte bewußt und gezielt einzusetzen.

4. Setzen Sie sich ein Ziel, ein ganz bestimmtes Ziel, das Sie innerhalb einer Woche erreichen wollen. Schreiben Sie auf, was Sie zum Erreichen dieses Ziels brauchen. Machen Sie diese Liste zum Bestandteil Ihres Programms für die kommende Woche.

5. Setzen Sie sich ein längerfristiges Ziel, und entschließen Sie sich, es erreichen zu wollen.

Zweiter Teil

DAS LEBEWESEN -
IHR EHEMANN

4 Akzeptieren Sie ihn

Sandy und Tom waren jungverheiratet. Ich kenne sie beide seit ihrer Verlobung und habe ihr eheliches Auf und Ab beobachtet. Sandy besuchte vor einiger Zeit den *Total Woman*-Kurs und schrieb mir ein paar Wochen später von ihren Erfahrungen.

„Vor zwei Jahren", begann sie, „habe ich bei der Trauung Ja zu ihm gesagt. In Wirklichkeit jedoch überlegte ich, wie ich ihn ändern könnte. Ich fing an, an ihm zu arbeiten, zuerst mit List, dann ziemlich augenfällig. Und damit stellten sich die Probleme ein. Nun habe ich aufgehört, an ihm herumzunörgeln und nehme ihn so, wie er ist. Jetzt ist er ein neuer Mensch, und wir sind ein neues Ehepaar. Tausend Dank für den Kurs!"

Es ist kaum zu leugnen, daß die meisten von uns einen Mann heiraten mit der Absicht, ihn umzumodeln. Dann verbringen wir Jahre des Ehelebens damit, das zu versuchen — die Ecken bei ihm abzuschleifen und ihm zu raten, was er tun und wie er handeln soll. Warum sind wir solche Närrinnen? Es funktioniert ja doch nicht! Der arme Gatte verkriecht sich aus lauter Notwehr in sein Schneckenhaus und schwört sich, sich nie mehr näher mit dieser erbarmungslosen Frau einzulassen, die einst seine Braut gewesen.

Ein Mann will akzeptiert werden, wie er ist — genau so. Dieses vorbehaltlose Annehmen seiner selbst ist für ihn der Beweis, daß Sie ihn tatsächlich lieben. Dabei ist dieses vollständige Akzeptieren gar nicht so seltsam. Möchten denn Sie und ich nicht auch akzeptiert werden? Möchte das nicht jeder?

Haben Sie eine gute Freundin, der Sie Ihr Herz ausschütten können und die Sie echt akzeptiert? Ich habe eine solche. Wir können uns auf das Sofa setzen oder uns am Telefon unterhalten, und ich fühle mich frei, ihr zu sagen, was mich beschäftigt. Ich kann mich so geben, wie ich bin, ohne Angst vor Zurückweisung, Kritik oder überlegene „Ratschläge" haben zu müssen. Sie wird mich nicht abkanzeln oder auslachen. Ich brauche ihr nichts vorzuspielen. Sie hört einfach zu und nimmt mich, wie ich bin. Ich bin ihr zugetan, weil sie mir zugetan ist.

Sollte es mit Ihrem Mann anders sein? Können Sie ihn nicht so akzeptieren, wie Sie eine Freundin akzeptieren? Ihr Mann braucht es, von Ihnen akzeptiert zu werden, um dann selber dahin zu kommen, daß er Sie voll und ganz annimmt. Und dann werden Sie nicht genug Stunden finden, um mit ihm zusammenzusein. Alle Schranken zwischen Ihnen werden weichen.

Mein Mann — mein Freund

Unglücklicherweise bin ich eine geborene Nörglerin. Ich wollte es bestimmt nicht sein, aber es kam immer wieder zum Vorschein. Nörgeln war meine zweite Natur. Den ganzen Tag lang kommandierte ich meine Kinder herum: „Hebe deine Kleider auf, putze dir die Zähne, bleibe im Bett." Wenn mein Mann durch die Tür hereinkam, kommandierte ich ihn herum: „Bring den Mülleimer hinaus, sei freundlich mit Mutter, sei nett zu den Leuten", und so weiter und so fort.

Sechs Jahre lang nörgelte ich Tag für Tag wegen denselben Sachen an Charlie herum. Schließlich reichte es ihm. Eines Abends sagte er mir unmißverständlich: „Schluß jetzt mit deiner Nörgelei! Ich habe dich schon das erste Mal verstanden. Ich bin nicht dein Kind, ich bin dein Mann!"

Zuerst war ich etwas verletzt, aber ich konnte seine Worte nicht aus dem Kopf kriegen. Ich fühlte mich machtlos. Wie in aller Welt sollte der Mülleimer an die Straße kommen, wenn ich Charlie nicht stündlich daran erinnerte? Letzten Endes versuchte ich ja nur, hilfsbereit zu sein!

In Gedanken überprüfte ich die vergangene Woche und ließ im Zeitlupentempo die stürmischen Szenen vor meinem inneren Auge vorbeiziehen. Mir fiel auf, daß Charlies Reaktionen eine bestimmte Form angenommen hatten. Nörgelte ich beständig an ihm herum, so brachte er mich mit der Bemerkung zum Schweigen, er habe mich bereits beim erstenmal gehört. Wenn er nicht einfach schwieg, wie er es auch oft tat, hatte er einen Wutanfall.

„Ständig sagst du mir, ich soll den Mülleimer hinaustragen", explodierte er eines Abends. „Viermal hast du mir das heute abend schon gesagt. Du weißt doch, daß ich ihn bis jetzt jedesmal vor die Tür gebracht habe. Aber ich weigere mich entschieden, ihn hinauszunehmen, bis du aufhörst, mich deshalb zu schikanieren!" In die Ecke gedrängt, kämpfte er für sein Recht, sich selbst zu sein. Er entschloß sich, genau das Gegenteil dessen zu tun, was ich wollte, um zu beweisen, daß er der Herr im Hause war!

Ich hatte es mir beinahe angewöhnt, so mit ihm zu

reden, wie wenn ich seine Stiefmutter wäre, und wie sollte er für so jemand romantische Gefühle aufbringen können? Ich sah ein, daß ich mit meinem fortgesetzten Nörgeln nur eine Versteifung unserer gegenseitigen Haltung bewirkte. Mir wurde ebenfalls klar, daß seine Reaktionen ihn auch in den Groll, zur Flucht auf den Golfplatz, ins Büro oder sogar zu irgendeiner Frau treiben könnten.

Eines wußte ich mit Sicherheit: Meine Nörgelei führte zu nichts. Ich entschloß mich, Charlie nichts mehr wegen dem Mülleimer zu sagen. Nicht ein Wort mehr wollte ich darüber fallen lassen, und sollte er bergehoch überquellen! Aber zu meiner Überraschung nahm er ihn bereits den ersten Abend hinaus — vollständig ohne meine Nachhilfe. Bemerkenswert!

Nun nahm ich mir vor, mit dem Nörgeln ganz und gar aufzuhören! Lieber wollte ich mir die Zunge abbeißen. Von nun an würde ich ihm nur noch einmal etwas sagen, und dann sollte die Entscheidung bei ihm liegen. Schließlich sah ich ein, daß meines Mannes Heim seine Burg ist oder es wenigstens sein sollte. Er sollte sich in seinem Heim frei fühlen zu tun, was ihm behagte – auch wenn es bedeutete, daß er seine Kleider über die Möbel warf, Bilder an die Wände malte oder siebenundvierzig Tage hintereinander Pizza essen wollte. Wegen jeder Kleinigkeit etwas an ihm auszusetzen, würde ihn ja doch nur die Wände hoch oder zur Tür hinaustreiben.

Eine Hausfrau schrieb an Ann Landers, eine auf Ehefragen spezialisierte Journalistin, und forderte sie auf, doch die Ehefrauen zu ermuntern, ihren Männern wegen ihrer Gesundheit in den Ohren zu liegen. „Die Frau", so stand im Brief, „sollte es beanstanden, wenn er zuviel ißt, zuviel trinkt, zuviel raucht, nicht genügend Bewegung hat" und so weiter. Sie schloß den Brief mit der dringenden Bitte: „Fordern Sie alle Frauen, die ihre

Männer lieben, dazu auf, sie zu bekritteln. Es könnte ihr Leben um Jahre verlängern."

Ann Landers Antwort war genial. „Wer würde von solchen Jahren mehr haben wollen? Tut mir leid, ich bin da anderer Ansicht. Nörgeln hat noch keinem das Leben verlängert. Dagegen hat es schon vielen Ehen das Lebenslicht ausgeblasen. Benörgelt zu werden ist für einen Mann schlimmer als bei lebendigem Leibe stückweise aufgefressen zu werden."

Sollten Sie wirklich den Drang zum Nörgeln haben, so ist es besser, Ihre Freundin anzurufen und sich bei ihr abzureagieren. Lassen Sie den Dampf lieber bei ihr ab und nicht bei Ihrem müden Mann. Kritisieren und bekritteln ist keineswegs einer langen Ehe oder einem gesunden Ehemann zuträglich.

Nörgelei ist das Gegenteil von akzeptieren. Wenn Sie dieser schlechten Gewohnheit verfallen sind, so wissen Sie, daß sie nicht einfach loszuwerden ist. Aber sagen Sie ihr den Kampf an, indem Sie sich darüber klarwerden, was Sie da eigentlich anrichten. Wenn Sie erst einmal Ihren Mann akzeptiert haben, werden Sie feststellen, daß Sie gar nicht mehr an ihm herumnörgeln müssen. Bei ihm wird das Hochgefühle auslösen!

Eine Frau, welche diese Angewohnheit nach achtzehn Jahren endlich abgelegt hatte, erzählte: „Etwas ganz Erstaunliches ist passiert. Seine Fehler machen mir gar nichts mehr aus. Sie bilden kein Problem mehr für mich. Ich konzentriere mich einfach auf seine guten Seiten, und auf diese Weise liebe ich ihn mehr denn je."

Salat, Sex und Sport

Ihr Ehegatte ist das, was er ist. Sagen Sie ja zu ihm, wie er ist. Dieser Grundsatz ist so alt wie das Leben selbst. Gott akzeptiert uns bedingungslos. Weil er uns annimmt, können wir mit seiner Kraft unsere Mitmenschen, den Ehegatten eingeschlossen, annehmen und lieben.

Eine mir bekannte Frau sträubte sich gegen diese Auffassung. „Ich liebe meinen Mann überhaupt nicht mehr, und da soll ich ihn akzeptieren?" sagte sie, „er ist es gar nicht wert." Das ist typisch für nicht wenige Ehen. Was ist das Heilmittel gegen eine solche Ehekrankheit?

Zuerst einmal: Die Bibel sagt, daß die Frauen ihre Männer lieben sollen. Wenn Sie die Liebe zu Ihrem Mann verloren haben, warum denn nicht Gott bitten, sie Ihnen wieder zu schenken? Zweitens: Wenn Sie aus Ihrer Ehe einen Erfolg machen wollen, dann müssen Sie sich entschließen, ihn zu akzeptieren, und das in dem vollen Bewußtsein, daß sich Ihre Beziehung wahrscheinlich nicht bessern wird, wenn Sie nicht anders werden. Die Wahl liegt bei Ihnen — entweder mit dem Groll weiterleben oder Ihren Mann akzeptieren.

Wenn Sie sich für das zweite entscheiden — wie müssen Sie es anfangen? Nehmen Sie sich ganz einfach vor, ihn so zu nehmen, wie er ist. Seien Sie fest entschlossen, jeglichen Versuch aufzugeben, ihn ändern zu wollen. Das nennt man Liebe!

Die Veränderung, die ich bei einem Ehepaar beobachtete, war bemerkenswert. Die Frau hatte lange darüber nachgedacht, ehe sie sich entschied. Doch sobald sie es getan hatte, fiel dem Mann der Unterschied augenblicklich auf. „*Er* hat sich stark verändert", erzählte sie mir. „Er ist viel liebevoller und großzügiger. Er will mir immer wieder Geld geben! Ich fange jetzt an, es einfach deshalb anzunehmen, um ihn glücklich zu machen!"

Manche Frauen nörgeln zwar nicht mit Worten, aber ihre Mißbilligung ist nur allzu spürbar. Mit schweren Seufzern am Spültisch hätschelt die Märtyrerin ihren Kummer. „Ich akzeptiere ja meinen Mann", denkt sie. „Ich habe seine Fehler schließlich all die Jahre ertragen, ohne ein Wort zu sagen; aber er wird sich nie ändern. Ich werde weiter schweigen und um der Kinder willen aushalten."

Dulden bedeutet nicht annehmen. Ihr Dulden läßt den Mann sich unwert fühlen. Er spürt es, wenn er nicht angenommen wird, und wird nicht imstande sein, Sie echt zu lieben.

Ihr Mann hat es dann am meisten nötig, von Ihnen akzeptiert zu werden, wenn er Niederlagen einstecken muß. Ist er schon entmutigt, entmutigen Sie ihn nicht noch mehr. Stellen Sie nie Vergleiche mit einem andern Mann an. Und vergessen Sie nicht: Er wird kein echtes Vertrauen zu Ihnen haben können, wenn er spürt, daß Sie ihn kritisieren und ihn ändern wollen. Das Leben ist zu kurz, um sich bei den Schwächen anderer aufzuhalten. Konzentrieren Sie sich auf seine Vorzüge.

Geben Sie Ihrem Mann das Gefühl, von Ihnen angenommen und geliebt zu werden. Lassen Sie ihn spüren, daß er wichtig für Sie ist. Wenn nicht Sie seine Eigenarten akzeptieren, wer soll es dann tun? Eine totale Frau geht auf die besonderen Vorlieben ihres Mannes ein, ob es sich um Salat, Liebe oder Sport handelt. Sie läßt das Heim für ihn zu einem Hafen werden, den er jederzeit anlaufen kann. Sie gewährt ihm den unschätzbaren Luxus bedingungslosen Akzeptiertseins.

Der Mann, nicht der Plan

Ich habe auf beiden Seiten des Zaunes gelebt, und ich kann Ihnen sagen, wo die bessere Weide liegt. In meinen frühen Ehejahren führte ich einen Ein-Mann-Feldzug, um meinen Mann nach meiner Vorstellung umzuformen. Was mich immer besonders irritierte, waren die häufigen Telefongespräche mit seinem Börsenmakler. Ein dutzendmal am Tag konspirierten sie miteinander, und jedesmal ging es mir mehr auf die Nerven. Erstens einmal war ich eifersüchtig auf die Zeit, die Charlie am Telefon verbrachte, und zweitens wurde ich fast krank vor Sorge, er könnte all unser Erspartes verspekulieren.

Eines Tages rief mich der Börsenmakler — übrigens ein Freund unserer Familie — an. Er wußte, daß Charlie zur Arbeit war und erteilte mir ein paar Ratschläge: „Laß deinen Mann auf dem Börsenmarkt machen, was er will. Sage ihm nie, was er mit seinem Geld tun soll. Halte dich davon fern und kümmere dich um die Kindder."

Oh, brachte mich das zum Sieden! Ich war wütend auf beide! Aber der weise, alte Herr hatte meinen Groll gespürt. Er hatte gemerkt, daß ich weder Charlies Rolle als Ernährer akzeptiert noch mich mit seiner Stellung als Familienoberhaupt abgefunden hatte.

Heute nehme ich eine ganz andere Haltung ein, und es hat uns beide viel glücklicher gemacht. Ich habe mich entschlossen, die Pläne meines Mannes zu unterstützen, und sollte mir das unmöglich sein, so will ich doch wenigstens den *Mann* unterstützen!

Wollen Sie auch diesen Entschluß fassen, so seien Sie dabei ehrlich. Es kann sein, daß Ihr Mann von Ihrer veränderten Haltung überrascht ist und mit Argwohn darauf reagiert. Seine Liebe kann nicht durch etwas erweckt werden, das nichts als bloße Berechnung einer Frau ist.

Eine verheiratete Frau warf ihrem Mann vor: „Ich habe mir zwei Wochen Mühe gegeben, radikal anders zu sein, und du hast dich überhaupt nicht geändert!" Er erwiderte ihr: „Solche zwei Wochen habe ich schon früher erlebt, und ich warte immer noch darauf, ob etwas Bleibendes daraus wird." Die Glut seiner Liebe war schon so viele Jahre lang zurückgegangen, daß es mehr als nur einen Funken brauchte, um sie wieder zu entfachen. Ihre versuchte Manipulation verpuffte in nichts; er war bereits ein gebranntes Kind.

Haben Sie einmal angefangen, Ihren Ehemann zu akzeptieren, so können Sie aufhören, sich um Ihre Rolle als sein Chefberater Sorgen zu machen. Er braucht nicht in erster Linie Ihren Rat, sondern vielmehr Ihr volles Ja zu ihm. Ein schwerer Druck wird von Ihnen weichen, nicht zu reden von der Erleichterung, die er empfindet! Wahrscheinlich wird er Ihnen seine Gedanken offenbaren, und vielleicht wird er sich genau für das entschließen, was Sie sich im stillen gewünscht haben!

Nehmen Sie Ihren Mann an, und das ist der erste Schritt, einen neuen Mann aus ihm zu machen. Es hilft! Es führt ihn in die Freiheit, selber ein totaler Mann zu werden. Er hat das Zeug dazu, kann es aber nicht schaffen, solange Sie ihm nicht erlauben, sich selbst zu sein. Akzeptieren Sie ihn gerade so, wie er heute ist. Akzeptieren Sie seine Vorzüge und seine Schwächen.

5 Bewundern Sie ihn

Die Psychiater sagen uns, daß die wichtigsten Bedürfnisse des Mannes neben warmer geschlechtlicher Liebe Anerkennung und Bewunderung sind. Frauen wollen geliebt werden, Männer wollen bewundert werden. Wir Frauen täten gut daran, an diesen Unterschied zwischen uns und der anderen Hälfte zu denken.

Erst neulich sagte eine Frau zu mir: „Mein Mann gibt mir keine Erfüllung. Er sagt mir nie etwas über seine wahren Gefühle; nie zeigt er seine Liebe. Er gibt ebensoviel Wärme wie ein kalter Fisch!"

Vielleicht ist Ihr Mann — wie viele seiner Artgenossen — gleich einem leeren Gefäß, was seine Emotionen betrifft, und unfähig, seine wirklichen Gefühle zu zeigen. Woher kommt das? Denken Sie daran, daß er in einem Kulturkreis aufgewachsen ist, der ihn lehrte, nicht zu weinen, wenn er sich das Bein verschrammte. Anstatt Onkel Hans zu umarmen, schüttelte er Hände. Die Erwachsenen waren meistens zu beschäftigt, um ihn anzuhören, so daß er lernte, seine Gefühle für sich zu behalten.

Wir Mädchen andererseits durften weinen und Wutanfälle bekommen. Man hieß uns, den Puppen, Tante Susy und dem Babysitter einen Kuß zu geben. Wir sind mit unsern Emotionen aufgewachsen und wußten, wie man Liebe ausdrückt. Eines Tages begann der Spaß. Herr Kühl heiratete Fräulein Leidenschaft. Ist es da verwunderlich, daß sie keine Erfüllung verspürte, weil er ihr gegenüber nie seine Gefühle zeigte?

Haben Sie sich je schon mal darüber verwundert, daß Ihr Mann nicht einfach dahinschmilzt, wenn Sie ihm sagen, wie sehr Sie ihn lieben? Aber sagen Sie einmal „Ich bewundere dich" zu ihm, und schauen Sie, was dann passiert! Wenn Sie ihn dahinbringen wollen, daß er seine Gedanken und Gefühle äußert, so fangen Sie an, sein leeres Gefäß mit Bewunderung zu füllen. Er muß innerlich erst erfüllt werden, denn er hat nicht eher etwas zu geben, bis dieses Bedürfnis gestillt ist. Und wenn sein Gefäß überfließt — raten Sie mal, wer dann davon genießt! Diejenige Person, die sein Gefäß gefüllt hat — Sie nämlich!

Liebe deinen Mann und bringe ihm Ehrerbietung entgegen, heißt es in der Bibel. Das bedeutet auch, ihn zu bewundern. Die Definition von Ehrerbietung ist: achten, respektieren, schätzen, loben, bewundern.

Sie als Frau sehnen sich danach, von diesem Mann geliebt zu werden, nicht wahr? Er als Mann sehnt sich danach, von Ihnen bewundert zu werden. Er ist es, der dies zuerst braucht. Das irritiert manche Frauen, bis sie erkennen, daß sie gewisse Kräfte ihr eigen nennen, die ein Mann nicht besitzt. Es ist nicht ein Zeichen von Schwäche, sondern von Stärke, um des bloßen Gebens willen zu geben. Es liegt in Ihrer Natur zu geben. Calvin Coolidge sagte einmal: „Niemals ist jemand dafür geehrt worden, was er empfangen hat. Ehrung ist die Belohnung für das, was man gegeben hat."

Sie sind genau die Person, die Ihr Mann zu seiner Selbstbestätigung nötig hat. Er hat Sie geheiratet, weil er Sie für das entzückendste aller Mädchen hielt. Die Welt mag ihm Ehrungen zuteil werden lassen, doch vor allem braucht er Ihre Bewunderung. Er braucht sie zum Leben. Ohne sie fehlt ihm seine Motivation.

Ein junger Beamter verhungerte beinahe buchstäblich, weil seine Frau nicht die geringste Bewunderung für ihn übrig hatte. Zuerst wollte sie Erfüllung haben, bevor sie bereit war, auf ihn einzugehen. Sie meinte: „Warum soll ich denn zuerst geben? Die Ehe ist eine Halbe-Halbe-Angelegenheit. Ich will nicht einfach alles geben müssen!" Ihr Mann trat die Flucht in die Arbeit an und machte Überstunden. Er hoffte, seine Arbeit würde seine innere Leere ausfüllen.

Als sie den *Total-Woman*-Kurs besuchte, erkannte sie, daß es in ihrer Macht lag, ihm die von ihr ersehnte Bewunderung zu schenken. Also tat sie es. Ihr Verhältnis begann sich zu ändern. Eines Abends sagte er zu ihr: „Etwas Schönes tut sich. Ich weiß nicht, was es ist, aber es ist einfach großartig. Aus irgendeinem Grunde scheinen wir uns viel näherzukommen."

Heldenverehrung

Machen Sie diesen Test doch eine Woche lang. Nehmen Sie sich vor, sein ausgedorrtes Inneres mit neuem Inhalt zu füllen. Seien Sie positiv. Denken Sie daran, daß Komplimente ihn zum Sprechen ermutigen können.

Bewundern Sie ihn, während er mit Ihnen spricht. Lassen Sie ihn wissen, daß Sie Anteil an ihm nehmen. Legen Sie Ihre Zeitschrift beiseite, und schauen Sie ihn an. Auch wenn es Ihnen egal ist, wer das gestrige Fußballspiel gewonnen hat, bedeutet Ihre Aufmerksamkeit etwas für ihn. Er soll wissen, daß er Ihr Held ist.

Unterbrechen Sie ihn nicht, und seien Sie nicht geistesabwesend. Ein Pilot sagte mir: „Wenn meine Frau sich gleichgültig gibt und mir nicht antwortet, so bringt mich das für zwei, drei Tage innerlich vom Kurs ab. Gleichgültigkeit ist die ärgste Pein."

Eine andere Frau rief mich am Abend jenes Tages an, als ihr die Scheidungsklage ihres Mannes eröffnet wurde. Als sie ihren Mann nach dem Grund fragte, schockierte sie seine Antwort: „Du hast in unserer Ehe nichts als Gleichgültigkeit für mich übriggehabt. Du hast dich nie dafür interessiert, was ich dachte oder tat."

Jede Ehe benötigt Takt — jene besondere Fähigkeit, einen anderen so zu sehen, wie dieser sich selbst sieht. Für Ihren Mann ist es wichtig, daß Sie ihn so sehen wie er sich selbst. Schauen Sie ihn mal gut an, seinen Körper zum Beispiel. Es ist der einzige, den er besitzt und worin er lebt. Er möchte, daß er auch Ihnen gefällt. Das kann er aber nur erfahren, indem Sie es ihm auch sagen. Vielleicht hört sich das in Ihren Ohren sehr eigenartig, wenn nicht gar ordinär an. Wenn dem so ist, dann ist wahrscheinlich ein Wort der Anerkennung für Ihren Mann schon längst überfällig. Es ist Ihr Vorrecht, ihm die Gewißheit zu vermitteln, daß er das besondere Etwas hat, das er zu haben hofft.

Wenn er heute abend heimkommt, betrachten Sie ihn einmal eingehend. Vielleicht ist es schon Jahre her, seit Sie ihn mit sehenden Augen angeschaut haben. Versuchen Sie, ihn mit den Augen einer anderen Frau zu sehen. Das kann Ihnen eine Hilfe sein, ihn ganz neu zu sehen.

Sagen Sie ihm, daß sein Körper Ihnen gefällt. Wenn Ihnen diese Worte im Hals stecken bleiben wollen, so üben Sie sie, bis sie Ihnen ganz natürlich über die Lippen kommen. Sollte er schon lange kein Kompliment von Ihnen bekommen haben, so beginnen Sie langsam — er kann nicht zuviel aufs Mal vertragen. Sagen

Sie ihm jeden Tag etwas Nettes, und dann können Sie ihn mit jedem Tag mehr aufblühen sehen.

Halten Sie Ausschau nach seinen löblichen Eigenschaften. Sogar der häßlichste Mann hat gewisse Dinge an sich, die lobenswert sind, und wir reden doch von dem Traummann, den Sie geheiratet haben! Sagen Sie ihm etwas Anerkennendes über das, was früher Ihr Herz zum Klopfen und Ihre Lippen zum Stammeln gebracht hat.

Denken Sie an seine männlichsten Eigenschaften, und lassen Sie ihm Ihren Gefallen daran spüren. Seinen Bart zum Beispiel. Der Tag, als er ihn zum erstenmal rasierte, war ein Meilenstein in seinem Leben. Aber haben Sie sich nicht auch schon irritiert bei ihm beklagt: „Au! Warum rasierst du dich denn nicht öfter? Dein Bart kratzt ja wie eine Scheuerbürste!" Sie können doch statt dessen ganz nett zu ihm sagen: „Schatz, dein rauher Bart ist zu kräftig für meine zarte Haut." Sie veranlassen damit Ihren Mann, sich den Wochenendbart abzurasieren und haben ihm gleichzeitig noch ein Kompliment für sein männliches Aussehen gemacht!

Magere Arme, volles Herz

Bewundern Sie ihn selber. Das will er haben. Wenn er heute abend heimkommt, möchten Sie dann lieber, daß er Ihren frisch gebohnerten Fußboden bewundert oder daß er Ihnen sagt, wie großartig Sie aussehen? Er hört es also lieber, wie flott er aussieht, als wie groß seine Firma ist.

Beobachten Sie morgen früh Ihren Mann, wenn er vor dem Spiegel steht. Er sieht vor sich einen achtzehnjährigen Jüngling, mit straffen Muskeln und vollem Haar. Ungeachtet seines Alters sieht er weder seine sich wölbende Vorderseite noch seinen zurückweichenden Haaransatz. Er sieht das, was er gerne sehen möchte. Er will, daß auch Sie den achtzehnjährigen jungen Mann sehen! Warum sollte das auch absonderlich sein? Was für ein Mädchen sehen Sie denn im Spiegel? Meine eigene Großmutter gestand, daß sie sich nicht viel älter als einundzwanzig vorkam.

Die Frau eines Zahnarztes erzählte mir, wie sie eines Abends herausgeplatzt war: „Schau doch nur! Du wirst richtig dick und kahl. Es ist eine Schande. Warum siehst du nicht der Wahrheit ins Auge? Du bist doch kein kleiner Bub mehr!" Der erste Schuß war abgefeuert. Ihr Gatte war niedergeschmettert, und in seiner Notwehr revanchierte er sich mit einem ebenso verheerenden Seitenhieb auf ihre Schwächen. Weil er sich nicht mit einer vernünftigen Antwort wehren konnte, verletzte er sie seinerseits auf persönliche Art.

Ich gab den Frauen der Kursklasse eines Tages als Aufgabe, am Abend den Körperwuchs ihres Mannes zu bewundern. Eine von ihnen machte sich unverzüglich dahinter. Ihr Mann war von kleinerer Gestalt als sie, sah sonst aber gut aus. In all den Jahren des Zusammenlebens hatte sie ihre Bewunderung nie in Worten ausgedrückt. Das fiel ihr jetzt alles andere als leicht. Sie wußte nicht recht, wie sie beginnen sollte, obwohl es doch ihr eigener Mann war. An diesem Abend also, als er beim Zeitunglesen war, setzte sie sich zu ihm aufs Sofa und fing an, seinen Arm zu streicheln. Beim Oberarmmuskel verharrte ihre Hand und drückte ihn sanft. Unwillkürlich spannte er seinen Bizeps, während sie zu ihm sagte: „Ich wußte gar nicht, daß du solche Muskeln hast!" Er ließ die Zeitung sinken, blickte sie an und wollte wissen: „Sonst noch etwas?" Ihn hungerte so sehr nach einem solchen Kompliment, daß er mehr von dieser Art hören wollte!

Am folgenden Tag erzählte sie ihrer Freundin davon,

die sich vor die gleiche Aufgabe gestellt sah. Ihr Mann besaß magere Arme, aber sie bewunderte trotzdem seine Muskeln. Am übernächsten Abend, als sie ihn zum Abendessen rufen wollte, war er zunächst nirgends zu finden. Sie entdeckte ihn schließlich in der Garage beim Trainieren mit den Hanteln, die er extra gekauft hatte! Er wollte kräftigere Muskeln, weil ihm ihre Bewunderung guttat.

So etwas kann übrigens auch bei Ihren Kindern Wunder wirken. Zum Beispiel mußte eine Mutter ihren Sohn immer wieder dazu anhalten, aus dem Auto zu steigen und das Garagentor zu öffnen. Eines Tages sagte sie: „Tommy, ich wette, daß ein so kräftiger Junge wie du das Garagentor mit dem kleinen Finger öffnen könnte." Das war alles, was es brauchte. Es erübrigte sich von nun an, ihn darum zu bitten, das Tor aufzutun.

Auch Ihr Mann wird seine Hilfsbereitschaft unter Beweis stellen, wenn Sie von der richtigen Seite an ihn herantreten. Anstatt sich mit dem Öffnen eines Konservenglases abzumühen und einen Fingernagel abzubrechen, bitten Sie doch ihn, schnell mal mit seinen kräftigen Händen zuzugreifen. Es wird ihm ein Vergnügen sein, auch an einem kleinen Konservenglas seine Kraft zu demonstrieren.

Positiv sehen

Ich hörte eine Frau sagen: „Ich habe ein schlechtes Gewissen dabei, weibliche Listen anzuwenden. Es scheint mir unehrlich zu sein. Sein Ich ist sowieso groß genug und braucht gewiß keine Förderung. Sein Körper ist gar nicht so ansehnlich. Ich möchte meinem Mann bestimmt geben, was er braucht, aber warum soll ich dabei lügen?"

Wenn Sie Ihrer selbst sicher sind, dann wird es Ihnen nichts ausmachen, Ihrem Mann Kredit zu geben. Anstatt ängstlich zu sein, wird es Ihnen Freude bereiten, auf seine Bedürfnisse einzugehen. Wie wir bereits gesehen haben, wird die Liebe zu Ihrem Mann nur dann Ausdruck finden können, wenn Sie sich wirklich selbst lieben. Sobald Sie das tun, werden Sie ohne zu knausern geben können und dabei nicht einmal daran denken, was Sie selber dafür bekommen.

Ich fordere Sie keineswegs auf, daß Sie heucheln sollen, um das Ich Ihres Mannes aufzublasen. Sogar ein Mann kann Schmeicheleien durchschauen. Was ich klarmachen möchte, ist das Bedürfnis des Mannes nach ehrlich gemeinter Anerkennung. Während Sie ihn mit anderen Augen zu sehen versuchen, halten Sie Ausschau nach weiteren Sachen, für die Sie ihm ein Kompliment machen können.

Denken Sie an die Schwächen und Mängel, deren er sich selber bewußt ist. Larry trug an seinem Hals eine häßliche Narbe, die von einem Unfall zurückgeblieben war. Seine Frau wußte, daß er sich darüber ärgerte und immer wieder daran herumrieb. Sie sagte: „Mir gefällt deine Narbe, Liebling. Sie läßt dich irgendwie abgehärtet erscheinen." Ihre anerkennenden Worte verschafften ihm Erleichterung und ließen ihn weniger an seine Narbe denken.

Wenn Sie in letzter Zeit Probleme miteinander gehabt haben, wird es Ihnen nicht leicht fallen, ihm etwas Anerkennendes zu sagen. In diesem Falle erinnern Sie sich doch an die Zeit, als Sie zum erstenmal davon überzeugt waren: das ist der Richtige. Was gefiel Ihnen denn damals so?

Ein älteres Ehepaar hatte sich so verfremdet, daß sie nicht wußte, was sie überhaupt an ihm bewundern könnte. Sie bemühte sich, weit zurück bis zur weltweiten Krise der dreißiger Jahre zu denken, wie er sich mit seiner Familie und mit seinem kleinen Geschäft durchgeschlagen hatte. Jetzt, vierzig Jahre später, bemerkte sie schüchtern zu ihm, wie sie damals seinen unermüdlichen Einsatz bewundert hätte. Das waren die ersten anerkennenden Worte, die er seit Jahren vernommen hatte, und seine Reaktion darauf war bewegend. Er blickte sie ungläubig an, Tränen traten ihm in die Augen, und obwohl er seine Freude über dieses Kompliment nicht in Worte fassen konnte, war er an diesem Abend voller Zärtlichkeit. Seine Frau kam aus dem Staunen nicht heraus, daß eine solche kleine Bemerkung eine derartige Veränderung in seiner Haltung hervorrufen konnte. Das war der Wendepunkt in ihrer Ehe.

Eine Ehe braucht nicht zu stagnieren. Sorgen Sie für Anregung. Dazu gehört am Ende eines langen Arbeitstages ein Lob für Ihren Mann. Biegen Sie am Abend eines jeden Tages das vielleicht angeschlagene Selbstbewußtsein Ihres Mannes wieder zurecht. Das hat nichts mit weiblicher List zu tun, sondern liegt in der Natur der Liebe selbst. Wenn er bei Ihnen Erfüllung findet, wird er nicht an Fluchtmöglichkeiten denken.

Aber eventuell haben Sie einen Ehepartner, der nichts anderes tut als in seiner Unterwäsche daheim zu sitzen und sein Bier zu trinken. Vielleicht liegt die Verantwortung für die Familie heute auf Ihren Schultern, weil Sie sich irgendwann früher einmal seine Rolle angeeignet haben. Ihr Nörgeln hat ihm den Wind aus den Segeln genommen, und nun verspürt er keinerlei

Lust mehr, weiter für Sie zu arbeiten. Er braucht wieder ein gutes, ermutigendes Wort von Ihnen, um seine Maschine erneut in Gang zu bringen — wie groß die Bitterkeit oder die Distanz zwischen Ihnen auch sein mag.

Das Leben besteht aus scheinbar belanglosen Dingen, doch häufig kann eine kleine Sache alles anders werden lassen. Hinter jedem bedeutenden Mann ist eine bedeutende Frau zu suchen, die ihn liebt und ihm Erfüllung schenkt. Es gibt ein paar Ausnahmen, aber wirklich nur ein paar.

Das Ich ruft: „Gib mir deine Liebe! Gib mir, was ich brauche!" Die Liebe spricht: „Laß mich dir geben, was du brauchst." Überraschen Sie Ihren Mann heute abend mit einem ehrlich gemeinten Kompliment, und Sie werden sehen, wie er aufblüht! Was die Nörgelei nicht schafft, bringt die Bewunderung zustande!

6 Passen Sie sich ihm an

An einem Montagmorgen kam Bobbie Evans aufgebracht an meine Tür. Ihr Mann ist Mittelstürmer einer bekannten Fußballmannschaft. Der Rückflug der Fußballelf war für Mittag vorgesehen, und Bobbie sollte Norm vom Flugplatz abholen. Sie mußte aber ihrem Ärger erst bei jemand anders Luft machen, ehe sie ihn über ihren Mann ausschüttete. Sie hatte die Nase voll von Norms nie endenwollenden Spielverpflichtungen und sonstigen Anlässen, während ihr die ganze Bürde der Kindererziehung überlassen blieb. Als ihr kleiner Junge kürzlich fragte: „Kommt Papa zum Essen überhaupt noch mal heim?", da wußte sie, daß es jetzt eine Lösung zu finden galt.

Sie fühlte sich einsam, vernachlässigt und ungeliebt. Die Situation sah nicht gut aus. Was sollte ich ihr raten? Mit dem Fuß stampfen? Darauf bestehen, daß er mit Fußballspielen aufhört? Verlangen, daß er mehr zu Hause bleiben sollte? Ihm drohen? Das hatte sie schon zwei Jahre lang versucht, aber es hatte natürlich nichts geholfen. Sollte ich raten, ihm ihre Liebe zu verweigern? Ihn zu ihr kommen zu lassen, um darum zu betteln?

Die Märtyrerin spielen? Auch das hatte sie probiert. Resultat gleich Null.

Was ich ihr schließlich sagte, gefiel ihr durchaus nicht. Später gestand sie: „Ich war so erbost, daß ich beinahe aufgestanden und hinausgegangen wäre. Ich war bestimmt nicht zu dir herübergekommen, nur um mir sagen zu lassen, daß *ich* mich Norms Lebensweise anzupassen habe."

Sich anzupassen war das einzige, wovon ich mir Erfolg für sie versprach. „Bobbie", sagte ich zu ihr, „passe dich doch tatsächlich seiner Lebensweise an, auch wenn er einige Wochen fort sein sollte. Wenn er zu Hause ist, gestalte ihm das Leben so attraktiv, daß er es gar nicht missen will. Beklage dich nicht und gib ihm nicht das Gefühl, an allem schuld zu sein. Behandle ihn statt dessen wie einen König und gib ihm, was er nötig hat."

Zuerst weinte Bobbie ein bißchen, doch schließlich trocknete sie die Tränen und lächelte. „Ich werde es tun", versicherte sie. Das erste, was Norm sagte, als er das Flugzeug verließ und ihr strahlendes Gesicht sah, war: „Hallo! Was ist denn mit dir los?" Es hatte sich nichts geändert, außer Bobbies Haltung. Norms Programm sah genauso aus wie vorher, doch Bobbie war entschlossen, sich darauf einzustellen.

Zwei Jahre später sagte Norm bei einem trauten Zusammensein zu ihr: „Ich liebe dich so sehr, daß ich mit Fußballspielen aufhören würde, wenn das dein Wunsch ist." Aber es war nicht mehr ihr Wunsch — sie hatte sich seiner Lebensweise angepaßt. Inzwischen ist er übrigens Fußballprofi geworden, also ein totaler Fußballer, und sie — eine totale Frau. Sie sind noch nie so glücklich gewesen!

Wie ich will?

Was verursacht die meisten Probleme in Ihrer Ehe? Ich finde, daß gewöhnlich der Konflikt zwischen zwei verschiedenen Egos schuld ist — Ihr Standpunkt kontra seinen Standpunkt. Stimmen sie überein — gut. Wenn nicht — wie es oft vorkommt —, gibt es Konflikte.

Ihr Mann kommt zum Beispiel abends müde vom Büro heim und sehnt sich nach Ruhe. Sie dagegen sind den ganzen Tag in Ihren vier Wänden gewesen und möchten gerne ausgehen. Und schon ist der Konflikt zwischen den beiden Egos da, jeder will auf seine Rechnung kommen.

Oder Sie haben etwas erspartes Geld. Er will damit ein neues Auto kaufen, während Sie gerne neue Teppiche in der Wohnung haben möchten. Konflikt! Er möchte am Samstag auf den Sportplatz, während Sie lieber einen Einkaufsbummel mit ihm machen möchten. Und so geht es weiter.

Jedes Ehepaar kennt dieses Problem. Wie können zwei verschiedene Egos ihre zwei verschiedenen Meinungen in Einklang miteinander bringen? Manchen gelingt es überhaupt nicht. Oft werden solche Konflikte dadurch „gelöst", indem beide Seiten getrennte Wege gehen, anstatt zusammenzuwachsen.

Das biblische Rezept für eheliche Konflikte heißt: „Ihr Frauen sollt euch der Führung eurer Männer unterordnen, wie ihr euch dem Herrn unterordnet" (Epheser 5,22). Es liegt in der Bestimmung Gottes für die Frau, daß sie sich der Entscheidung ihres Mannes unterstellt.

Ehe Sie jetzt protestieren und dieses Buch in die Ecke werfen, hören Sie mich bitte zu Ende an. Zunächst einmal: Niemand sagt Ihnen, daß Sie sich verheiraten müssen. Wenn Sie sich nicht einem Mann anpassen möchten, so wäre es logisch, ledig zu bleiben. Sind Sie bereits verheiratet, ohne sich aber angepaßt zu haben, dann haben Sie wahrscheinlich bereits festgestellt, daß die Ehe nicht die pausenlos herrliche Erfahrung ist, von der Sie geträumt haben.

Zweitens denken Sie vielleicht: „Das ist nicht fair! Ich habe auch meine Rechte. Warum sollte er sich nicht zuerst mir anpassen, und dann könnte ich mir überlegen, was ich ihm zu Gefallen tue?" Ich habe viele Ehepaare gesehen, die es auf diese Weise probiert haben — ohne Erfolg. Wenn die Frau sich nicht seiner Lebensweise anpaßt, bleibt kein anderer Weg, den drohenden Konflikt zu vermeiden.

Drittens: Beachten Sie bitte, daß ich nicht sagte, die Frau sei dem Mann gegenüber minderwertig, ja, nicht einmal, daß die Frau den Männern allgemein untertan sein solle, sondern ich sagte, daß eine Ehefrau sich der Führerschaft ihres Mannes unterstellen solle.

Viertens könnte die andere kleine Phrase Unwillen hervorrufen: „... wie ihr euch dem Herrn unterordnet." Sie denken vielleicht: „Ich ordne mich nicht dem Herrn unter. Ich kenne ihn überhaupt nicht. Wie altmodisch muß man denn noch werden? Und sogar wenn man an ihn glaubt — wer unterstellt sich ihm schon?"

Tatsache ist, daß Gott die Ehe gestiftet hat. Er hat einige Grundsätze aufgestellt, und wenn diese befolgt werden, dann klappt eine Ehe auch. Andernfalls kann sich die Ehe nicht zu einer engen Gemeinschaft gestalten wegen der Gegensätzlichkeit zwischen Ihrem und Ihres Mannes Willen. Der Beweis liegt allzu klar auf der Hand. Es gibt Städte, in denen jeden Tag mehr Ehen geschieden als geschlossen werden.

Mann und Frau, obwohl gleichwertig in ihrer Stellung, sind in ihrer Funktion verschieden. Gott hat den Mann zum Haupt der Familie, gleichsam zu ihrem Präsidenten, gesetzt und die Frau zum ausführenden Vizepräsidenten. An der Spitze einer jeden Organisation steht ein Führer, und die Familieneinheit bildet da keine Ausnahme. Es besteht keine Möglichkeit, diese Ordnung zu ändern oder zu verbessern. Gelegentlich haben manche Familien eine Umkehrung dieser Ordnung vorzunehmen versucht und die Frau zum Präsidenten gewählt. Findet eine solche Umkehrung statt, so wird die Familie auf den Kopf gestellt. Gewöhnlich bricht dieses System nach kurzer Zeit zusammen. Ihren Mann den Präsidenten Ihrer Familie sein lassen ist nur von Vorteil.

O König, auf ewig sollst du leben!

Ich bin gefragt worden, ob dieser Anpassungsprozeß nicht die Frau in ein Sklave-Gebieter-Verhältnis ihrem Mann gegenüber führe. Eine totale Frau ist keine Sklavin. Weil sie ihren Mann liebt, entschließt sie sich von selber, sich ihrem Mann anzupassen, obwohl ihr manchmal diese Wahl sehr schwerfällt. Er seinerseits reagiert mit Dankbarkeit, kommt ihr entgegen und geht auf ihre Wünsche ein. Er mag sie sogar in manchem verwöhnen.

Man kann die Ehe auch mit einer Monarchie vergleichen — der Mann ist König, und seine Frau ist Königin. In einer königlichen Ehe bedeutet die Entscheidung des Königs das letzte Wort, sowohl für sein Land als auch für die Königin. Diese ist gewiß nicht seine Sklavin, denn sie weiß, wo ihre Kräfte liegen. Sie ist Königin. Auch sie sitzt mit auf dem Thron. Sie hat das Recht und sogar die Verantwortung, ihren Empfindungen Ausdruck zu geben, doch tut sie das selbstverständlich auf königliche Weise. Obwohl sich der König weitgehend auf ihr Urteil verläßt, liegt die letzte Entscheidung jedoch bei ihm, wenn Meinungsunterschiede auftreten.

Warten Sie noch einen Augenblick! Ich weiß genau,

was Sie denken. Vergessen Sie nicht, daß ich das alles selber mitgemacht habe. Was nämlich, wenn der König die falsche Entscheidung trifft? Das ist ein schwerer Brocken, besonders wenn Sie wissen, daß *Sie* recht haben, und so etwas kommt vor! Die Königin wird ihm trotzdem folgen, unverzüglich. Eine Königin enthält sich der Nörgelei oder der Auflehnung gegen des Königs Entscheidung, sobald sie einmal getroffen ist.

In vielen Ehen hat heute die Frau das Sagen. In anderen stehen sich zwei Herrschenwollende gegenüber, deren Entscheidungen aufeinanderprallen. Wieder in anderen überlebt derjenige, der sich besser durchsetzen kann. Aber von Romantik findet man in keiner viel. Die Gefühle sinken rapide auf den Nullpunkt herab, und der Mann fragt sich verwundert: „Wie bin ich nur in diese Sache hineingeschlittert?"

Die Frau eines Rechtsanwalts erzählte mir nach einer Kursstunde: „Ich bin nicht so erzogen worden, mich einem Mann anzupassen, im Gegenteil. Man lehrte mich als kleines Mädchen, daß man einem Mann nicht vertrauen könne. Die Männer seien nur auf ihren eigenen Vorteil aus, und wenn du dich mit einem für das ganze Leben verbindest, dann kriege ihn unter, ehe er dich unterkriegt." Mit solchen Ansichten als Kind programmiert, mußten sich ja später bei ihr große Probleme einstellen.

Ich möchte bei dieser Gelegenheit feststellen, daß ich zu Beginn ebenso meine Zweifel über das Anpassen hatte wie jede andere. Haben sich meine Vorstellungen aber inzwischen geändert! Mir ist heute klar, daß der Mann weder eine Nörglerin noch eine Fußmatte haben möchte. Er möchte eine Frau mit Würde und Überzeugung und Schwung, eine, die aber gleichzeitig die letzte Entscheidung ihm überläßt.

Am 15. Januar 1972 wurde Margarete Alexandrina Thorhildur Ingrid Königin Margarete II. von Dänemark. Seit ihrer Kindheit wurde sie für die Aufgabe, eines Tages Königin zu werden, vorbereitet. Sie erhielt die beste Ausbildung, eine militärische eingeschlossen, und wurde in jeder Hinsicht als zukünftige Königin erzogen.

Ihr Gatte, Prinz Hendrik, besitzt keine konstitutionelle Funktion als nur die eines Prinzgemahls. Aber es ist kein Geheimnis, daß Hendrik zu Hause die Hosen trägt. „Seit ich ein kleines Mädchen war", sagte Margarete am Tage ihrer Verlobung, „habe ich daran geglaubt, daß, auch wenn ich offiziell den ersten Platz einzunehmen habe, es für mich möglich sein würde, in der Ehe den zweiten Platz einzunehmen."

Wenn eine tatsächliche Königin, die von ihrem Mann Unterwerfung *fordern* könnte, so empfindet, sollten wir Königinnen uns von ihr beschämen lassen?

Die verlierende Siegerin

Letzten Oktober wollte Charlie zur gleichen Zeit ein Rugbyspiel anschauen gehen, als bei uns die „Hochzeit des Jahres" stattfand, die ich meinerseits unbedingt sehen wollte. Sicher verstehen Sie mich. Doch Charlie wollte ausdrücklich mit mir zusammen zum Sportplatz gehen. Ich wünschte, ich wäre zwei Personen, aber schließlich war ich einverstanden, ihn zu begleiten und nicht zu schmollen. Charlie wußte, daß das für mich wirklich ein Opfer bedeutete und war noch Tage danach sehr lieb mit mir. Ich wunderte mich später darüber, daß er nicht gesagt hatte: „Gehe nur an deine Hochzeit", wo er doch wußte, wie gerne ich gegangen wäre. Ich kenne heute noch nicht den Grund, aber was ich tat, war das Richtige und brachte mir auch Belohnung.

Ein paar Wochen später hatten wir beide nicht die gleiche Vorstellung davon, was wir am Wochenende unternehmen wollten. Charlie wollte zu Hause bleiben, im Garten arbeiten und mit der Familie spielen; ich dagegen wäre gerne für einige Tage weggefahren. Wir diskutierten beide Möglichkeiten, aber offensichtlich konnten wir nur eines von beiden tun.

Schließlich war ich damit einverstanden, seinem Vorschlag zuzustimmen und daß ich gerne und begeistert mitmachen würde, was er geplant hatte. Zu meiner großen Überraschung kündigte er ein paar Stunden später an: „Wir machen uns jetzt fertig und fahren für einige Tage weg!"

So leicht ist das Sichanpassen jedoch nicht, und damit Sie nicht glauben, daß ich unrealistisch denke, muß ich Ihnen noch eine absolut dumme persönliche Geschichte erzählen. Ich bin gar nicht stolz darauf, daß sie mir passierte.

Es war auf einer anderen Ferienreise, als uns Freunde zum Tiefseefischen einluden. Ich war müde und wollte an jenem Nachmittag lieber an der Sonne schlafen als Konversation auf einem Boot machen. Charlie bat mich, ihn zu begleiten, aber ich sträubte mich mit Händen und Füßen dagegen. Er sagte: „Ich gehe nicht ohne dich, schließlich sind wir beide eingeladen." Ich rührte mich noch immer nicht von der Stelle. Hier war also mein Mann und drang in mich, ihn doch zu dieser Verabredung zu begleiten, und ich sagte nein dazu.

Ich siegte. Wir gingen nicht fischen, aber ich kann Ihnen sagen, es hat sich nicht gelohnt. Gewiß, ich saß den ganzen Nachmittag am Swimming-pool, doch die ganze Zeit über plagten mich Schuldgefühle, weil ich den letzten Tag unserer Ferien verdorben hatte. Und das Schlimmste von allem war, daß wir die folgenden drei Tage kaum miteinander sprachen. Später bat ich ihn um Verzeihung, und er vergab mir. Ich glaube, ich hatte mich elender gefühlt als er, und ich hoffe, daß ich meine Lektion ein für allemal gelernt habe. Was schaut denn dabei heraus, ein gespanntes Verhältnis zu demjenigen zu haben, den man liebt und mit dem man zusammenlebt?

Sich seiner Tätigkeit, seinen Freunden und seinen Essensgewohnheiten anzupassen, ist nicht immer leicht, aber auf jeden Fall das Richtige. Ich weiß das jetzt. Und ich weiß, daß es mein und nicht sein Problem ist, wenn ich mich nicht anpassen will. Manchmal sage ich ihm: „Von deinem Standpunkt aus hast du recht, aber von meinem aus gesehen habe ich recht. Wir werden uns vielleicht nie einig, aber ich muß dir doch sagen, wie ich fühle." Durch seine Brille zu schauen hilft mir, seine Gefühle zu verstehen. Manchmal braucht es Zeit, bis ich soweit bin, mich anzupassen, aber es lohnt sich immer. Wie kostbar sind dann jene Augenblicke der Zärtlichkeit. Letzte Woche nahm Charlie mein Gesicht in seine Hände und bedeckte es überall mit Küssen, so wie ich es mit unserm Baby tue. Die Süße eines solchen Augenblicks ist eine Ermunterung für mich.

Make-up morgens um 7 Uhr ...

Carl und Betty waren seit zwölf Jahren verheiratet. Die ersten zehn Jahre bedeuteten einen finanziellen Kampf, doch dann konnte Carl einige Abschlüsse mit der Regierung machen, und über Nacht änderte sich ihre Situation. Sie kauften ein neues Landhaus. Von seinem Erfolg berauscht, sagte Carl voller Begeisterung zu Betty: „Jetzt werden wir viel reisen und uns mehr Vergnügungen leisten können." Aber Betty war von jeher häuslicher Art, reiste gar nicht gern, und nach Vergnügungen stand ihr auch nicht der Sinn. Als Carl sie auf eine Geschäftsreise nach Deutschland mitnehmen wollte, weigerte sie sich mitzugehen und gebrauchte die Kinder als Entschuldigungsgrund.

Betty ist jetzt geschieden. Sie lebt immer noch mit ihren zwei Kindern in diesem schönen Haus. Carl hat inzwischen jemand anders gefunden, der seinen aufregenden neuen Lebensstil teilt. Eine Ehe kann nur dann erfolgversprechend sein, wenn beide in der gleichen Richtung rudern. Sonst bewegt man sich nur im Kreise, oder — ähnlich wie bei Carl — der eine bricht aus und treibt stromabwärts.

Julie, eine Schönheit aus dem Süden, war mit einem Naturfreund verheiratet, dessen Hobby im Campieren bestand. Sie war nie dieser Typ gewesen und blieb gewöhnlich daheim, wenn Jim seine Freizeit in den Wäldern verbrachte. Eines Tages erzählte sie in der *Total Woman*-Klasse von ihrem Problem und sagte: „Ich kann diese Dschungelreisen nicht ausstehen, aber das nächstemal will ich Jim begleiten. Ich weiß, wie sehr er sich darüber freuen würde."

An diesem Abend ging sie, anstatt wie üblich die Lockenwickler einzurollen, in die Garage zu Jim hinaus und leistete ihm Gesellschaft, während er am Wohnwagen herumhantierte. Sie sagte nicht viel, blieb aber bei ihm. Am nächsten Tag kehrte Jim mit einer — wie er sich ausdrückte — „wunderbaren Nachricht" heim. Julie meinte, er habe den Wohnwagen verkauft. Aber als sie die Nachricht vernahm, lächelte sie schwach und schluckte ihre Enttäuschung hinunter. Jim war verschwenderisch gewesen und hatte die beste Campingschlafmatratze gekauft, die er finden konnte!

Der Sommer kam, sie packten ihre drei Kinder ein und starteten zu einem Überlandcampingtrip. Ich machte mir ein wenig Sorge um Julie, bis Mitte Juli eine malerische Ansichtskarte aus Wyoming eintraf. Darauf stand:

Bis jetzt hat die totale Frau Insektenstiche, einen gebrochenen Fuß, Temperaturen zwischen 0 und 40 Grad sowie Regengüsse überlebt — lächelnd! Makeup jeden Morgen um 7 Uhr und vorher einen straffen Waldlauf. Ich bin im Begriff, eine totale Frau zu werden. Und endlich: Jim ist auch ein totaler Mann geworden, und jetzt herbergen wir in heimeligen, warmen, trockenen Motels mit fließend Wasser und vor allem: Geborgenheit!

Ja, das machen wir!

Hat Ihr Ehepartner Ihnen schon einmal etwas vorgeschlagen, das er für eine ausgezeichnete Idee hielt, und Sie haben darauf geantwortet: „Ja, aber...?" Vielleicht war es nur so etwas wie: „Machen wir nach dem Essen doch eine kleine Fahrradtour", und Sie haben instinktiv gekontert: „Ja, aber..." Damit haben Sie seine Idee mit einer kalten Dusche ertränkt. Es kommt dabei nicht darauf an, was für eine Idee er hatte oder wie Ihre Entschuldigung aussah; die ungute Wirkung bestand darin, daß seine Führerrolle in Frage gestellt wurde. Er konnte Sie nicht führen, in ihm stieg der Groll gegen diese Tatsache auf — und gegen Sie!

Es mag Ihnen gar nicht bewußt sein, wie sehr Sie vielleicht Ihrem Manne in gewissen Dingen widerstehen. Es kann sein, daß er genau deswegen sich schon vor Jahren in sein Schneckenhaus zurückgezogen hat. Das nächstemal, wenn er einen Vorschlag macht, antworten Sie ihm doch mit möglichst echter Begeisterung: „Ja, das machen wir!" Er wird wahrscheinlich vor Staunen den Mund nicht mehr zubekommen, und Sie werden sehen, wie sich das lohnt. Sollte Ihnen seine Anregung nicht besonders gefallen, so nehmen Sie sich zusammen, daß

Sie nicht sofort damit herausplatzen. Während er Ihnen sein Vorhaben auseinandersetzt, nehmen Sie sich vor, ihm mit Ihrer Zustimmung eine Freude zu machen. Hätte Ihnen eine Freundin den gleichen Vorschlag gemacht, wären Sie wahrscheinlich gerne darauf eingegangen. Sollten Sie es für Ihren Liebling nicht erst recht tun?

In unseren Ferien führten Charlie und ich über nichts so viele Diskussionen wie über die Frage: Wohin gehen wir essen? Aßen wir nicht da, wo ich gerne wollte, war ich so verstimmt, daß mir das Essen beinahe im Halse steckenblieb. Ich merkte mit der Zeit, wie mein exklusives „Recht", das Restaurant auszuwählen, uns beiden nur Verdauungsstörungen einbrachte.

Das Leben ist viel leichter, wenn ich einfach sage, was ich vorziehen würde, und ihn dann die Entscheidung treffen lasse. Und wenn ich auch seine Absicht nicht gerne unterstütze, so will ich doch wenigstens den Mann unterstützen.

Ich sage zu Charlie: „Die Entscheidung liegt bei dir, und ich werde sie in jedem Fall akzeptieren." Wenn ich seinem Urteil vertraute – so habe ich herausgefunden – dann hat er die Situation noch nie für sich ausgenutzt, handelte es sich nun um ein Restaurant oder um eine geschäftliche Entscheidung. Wahrscheinlich weiß er die Wahlfreiheit so zu schätzen, daß er nicht töricht handelt. Er wägt seine Entschlüsse sorgsam ab und fragt mich oft um meine Meinung. Und tut er es nicht, so entsteht nicht etwa ein kalter Krieg zwischen uns, sondern das gute Einvernehmen bleibt erhalten.

Mit dem Entschluß, diese Aufgabe – sich ihrem Mann anzupassen – anzupacken, fuhr Joan, eine Hausfrau aus Palm Beach, heim, um es zu versuchen. Sie wollte ein feines Steak zubereiten, komplett mit einer Flasche Wein, Kerzenlicht und Musik. Sie stellte jedoch bald fest, daß auch dann, wenn die besten Pläne sich nicht nach Wunsch abwickeln, der Grundsatz des Sichanpassens dennoch gültig bleibt.

Joan bügelte zuerst ihren reizend aussehenden Hausrock, wickelte ihr Haar und wollte ein Bad nehmen. Zwei Minuten später flog die Haustüre auf und herein marschierte ihr Mann – um vier Uhr! Sie wollte gerade rufen: „Was machst du denn schon zu Hause?" hielt es dann aber doch zurück. Sie war entschlossen, sich auf das umzustellen, was er vorhatte. Als sie ihm einen zärtlichen Kuß gab, erkundigte er sich: „Was gibt's zu essen? Ich verhungere beinahe. Laß uns doch gerade jetzt essen!" Dahin war das Sieben-Uhr-Kerzenlicht-Essen; doch sie kleidete sich an und eilte in die Küche.

Die Sonne stand noch am Himmel, als sie um 5.20 Uhr die Kerzen anzündete. Eine halbe Stunde später brach ihr Mann wieder auf, um sich mit seinen Kameraden zu treffen. „Ich werde gegen Mitternacht wieder zurück sein", sagte er, „warte nicht auf mich."

Später erzählte uns Joan in der Kursklasse, wie frustriert sie sich gefühlt hatte. „Ich war fuchsteufelswild, aber ich hielt den Mund. Im stillen verwünschte ich den *Total Woman*-Kurs, aber als ich ihn an die Tür begleitete, schwor ich mir, es noch einmal zu versuchen. Ich wollte mich wirklich um eine gute Haltung bemühen. So flüsterte ich ihm ins Ohr: ‚Du wirst mir fehlen, Liebling. Ich werde auf dich warten, wenn du heimkommst.' Unglaublich, wie es sich anhört, aber an diesem Abend war er um acht Uhr wieder daheim, und wir hatten eine wunderbare Zeit zusammen!"

Prickeln mit neunundneunzig

Kürzlich hörte ich bei einem Rugbyspiel eine Frau zu ihrer Nachbarin sagen: „Ich weiß, daß Ihr Mann ganz verrückt ist nach Rugby. Sind Sie auch ein Rugbyfan?" Die andere Frau lächelte und erwiderte: „Ich liebe meinen Mann."

Albert Einsteins Frau wurde einst gefragt: „Verstehen Sie die Relativitätstheorie Ihres Mannes?" Sie lächelte: „Aber nein! Ich weiß nur gerade, wie er seinen Tee gerne haben will." Das ist — in einem Satz — Liebe!

Obwohl Abraham auf der ganzen Welt als der Vater eines berühmten Volkes bekannt ist, muß doch ein Teil seiner Größe seiner Frau Sara zugeschrieben werden. 1. Petrus 3,6 sagt uns, daß wir gut daran tun, ihrem Beispiel zu folgen.

Was hatte Sara denn Besonderes getan? Was ließ sie zu einem nachahmenswerten Beispiel werden? Sie war bestimmt ein bemerkenswertes Mädchen gewesen, aber am Anfang klappte bei ihr auch nicht alles. In Wirklichkeit dauerte es eine lange Zeit, bis sie weise wurde. Als sie Abraham heiratete, hieß sie noch Sarai, was soviel wie „zänkisch, böse" bedeutet — eine echte Nörglerin. Obwohl sie die lokale Schönheitskönigin war, fehlte es ihr doch an innerer Schönheit. Es vergingen viele Jahre, bis sie begriff, daß der Erfolg einer guten und großen Ehe weitgehend von ihr abhängig war.

Gott hatte ihr geboten, sich Abraham zu unterstellen. Endlich entschloß sie sich, sich seiner Lebensweise anzupassen. Sie ging auf alle seine Wünsche ein, und er seinerseits erwiderte ihre Gunst. Sie begann Abraham „Herr" zu nennen. Die Idee stammte nicht von ihm, sondern von ihr selber. Diese neue Einstellung veranlaßte Gott, ihren Namen in „Sara" abzuändern, was soviel wie „Fürstin" heißt. Welch eine Änderung — von „zänkisch" zu „Fürstin"! Ihre Liebe begann wieder zu prickeln, als Sara neunzig und Abraham neunundneunzig war! Und ist die Feststellung nicht interessant, daß, als Sara anfing, sich Abraham unterzuordnen, Gott ihnen den Sohn der Verheißung, Isaak, schenkte? Der Name Isaak trägt die Bedeutung von „Lachen". Das Lachen war in ihrem Heim fremd gewesen, bis Sara sich umstellte. Abraham war später so sehr von ihrem sanften und ruhigen Gemüt angetan, daß er tagelang weinte und trauerte, als sie im Alter von 127 Jahren starb. Er war untröstlich.

Erst wenn eine Frau ihr Leben ihrem Mann ausliefert, ihn achtet und anerkennt und bereit ist, ihm zu dienen, bekommt sie in seinen Augen die wahre Schönheit. Sie wird für ihn ein unschätzbarer Juwel, die Verkörperung der Fraulichkeit, seine Königin!

7 Zollen Sie ihm Anerkennung

Vor einigen Monaten begleitete ich Charlie auf einer Geschäftsreise nach Kalifornien. Eines Abends vor dem Essen trafen wir uns im Büro eines Rechtsanwaltes in Los Angeles. Hoch oben im Wolkenkratzer, von wo man ganz Beverly Hills überblicken konnte, erzählte uns der Jurist von seinem Geschäftspartner, der vor sechs Jahren gestorben war.

„Eine solch erstaunliche und unvergeßliche Persönlichkeit habe ich in meinem ganzen Leben keine zweite gekannt", sagte er. „Er war erst neunundfünfzig, als er starb. Kurz bevor er seinen Herzanfall bekam, hatte er mit mir noch über seine persönlichen Ansichten über das Leben gesprochen. Wiederholt sagte er zu mir: ‚Wenn man älter wird, stellt man fest, daß das, was man im Leben am meisten schätzt, die Treue ist, und das Schlimmste und am schwersten Anzunehmende ist die Undankbarkeit.'"

Die größte Tugend – Treue, die schlimmste – Undankbarkeit. Während ich über die letzten Worte des Rechtsanwalts nachdachte, erkannte ich, daß sie bis zu einem gewissen Grad Gegensätze darstellten. Undankbarkeit ist beinahe das Gegenstück zu Treue. Dieser prominente kalifornische Rechtswissenschaftler war offensichtlich ein gebranntes Kind. Daß er überhaupt darüber sprach, ließ ahnen, daß ihn die grausame Erfahrung von Undankbarkeit zutiefst ins Herz getroffen haben mußte.

Untertreiben — übertreiben

Auch Ehemänner können tief im Innern verletzt sein. Einer bemerkte zu mir: „Vielleicht ist es die Zeit, in der wir leben, aber man scheint alles als selbstverständlich hinzunehmen. Und meine Frau steht dabei an der Spitze. Geben macht mir gar keine Freude mehr, weil sie so undankbar ist." Eine undankbare Frau ist bestimmt keine Freude für den Mann, und doch haben sich so viele Frauen krassen Undankes schuldig gemacht. Sie haben das einfache Wort „Dankeschön" vergessen und ebenso jene Handlungen und Empfindungen, die das gleiche zum Ausdruck bringen.

Wenn Ihr Mann heute abend nach Hause käme und Sie in der Tür mit einer Pralinéschachtel oder einem Rosenstrauß begrüßen würde, was würde Ihre erste Reaktion sein — Mißtrauen oder Wärme? Es gibt bestimmt solche Frauen, die jetzt nicht danken, sondern statt dessen auf eine der folgenden Weisen reagieren würden:

1. Sie sagt: „Wo bist du eigentlich gewesen?"

Übersetzung: Du hast irgend etwas angestellt, und ich traue dir nicht! Der Mann spürt das augenblicklich. Er hat das Gefühl, daß sie der Richter und er der Angeklagte sei. Er kommt sich schuldig und verurteilt vor, obwohl er mit einem guten Gewissen nach Hause gekommen war.

2. Oder sie sagt: „Es ist ja auch höchste Zeit!"
Übersetzung: Das habe ich schon lange verdient. Was ich leiste, ist nicht beachtet worden. Du hättest damit schon längst kommen müssen! Ihr Mann hat soeben eine Verwandlung vor seinen eigenen Augen erlebt. Seine Frau ist zum Gläubiger geworden, und er ist ihr die Blumen schon seit Monaten schuldig gewesen. Aus dem Beschenkenden ist ein Schuldner geworden.

3. Eine andere sagt: „Hast du das geschenkt oder im Ausverkauf bekommen?"
Übersetzung: Der Wert deines Geschenkes steht in direktem Verhältnis zu deiner Liebe zu mir. Ein ganzes Bukett hätte mir besser gefallen, aber was soll ich schon mit diesen paar Blumen anfangen? Der wegen dieser Frage recht verdutzt dreinschauende Ehemann sieht jetzt seine Frau als den Kassier, und er selber steht da als der Geizkragen, der es sich so billig wie möglich gemacht hat.

4. Oder sie sagt schließlich matt: „Schatz, wie nett."
Übersetzung: Was soll ich denn damit? Du weißt doch, daß ich meine Diät einhalten muß und die Pralinen nicht gebrauchen kann! Und völlig frustriert schaut der Gatte seine Frau unzufrieden an. Alles, was er versucht, ist ein Fehlschlag. Wieder einmal hat er daneben getroffen. Er scheint nicht imstande zu sein, ihre Wünsche zu erfüllen.

In den meisten Fällen gleicht die Reaktion der Frauen einem dieser Beispiele — alles Beispiele von Undank. Gelegentlich treibt es eine Frau aber auch nach der anderen Seite auf die Spitze und sagt mit einem Zahnpasta-Lächeln: „Oh, Liebling, wie schöööön!" Doch im stillen denkt sie: „Trotzdem lächeln."

Frau Übertreibung macht niemand lächerlich — besonders nicht ihren Ehegatten. Er kennt dasselbe stereotype Lächeln schon von tausend anderen Gelegenheiten her. Sie reagiert stets auf die gleiche Weise, ungeachtet der Motivation. Das ist lediglich Undank in einer anderen Aufmachung. Ihn beschleicht das Gefühl, einer echten Antwort von seiner Frau nicht würdig zu sein.

Dankbar sein

Halten Sie einen Moment inne und prüfen Sie Ihren Dankbarkeitsgradmesser. Haben Sie sich auch dieses gräßlichen Undanks schuldig gemacht? Schätzen Sie eigentlich seinen Einsatz für den täglichen Lebensunterhalt? Nicht nur die Geburtstags- und Weihnachtsextras, sondern das Geld für die Nahrungsmittel, die Arztrechnungen und Kopfkissenbezüge?

Wertschätzung hat es mit einem Zweifachen zu tun — das eine ist inwendig, das andere äußerlich. Zunächst einmal kann eine Frau nicht dankbar sein, wenn sie ihre eigenen Rechte sucht. Meint sie, ein Recht darauf zu besitzen, einmal in der Woche zum Essen ausgeführt zu werden, so wird sie kaum zu einer aufrichtigen Dankbarkeit dafür fähig sein. Nur wenn sie keinen Anspruch darauf erhebt, wird sie ein solches Essen richtig zu schätzen wissen. Es ist dann für sie ein Vorrecht und ein Ereignis, an das sie sich gerne erinnert. Ein dankbarer Mensch kann das nicht mit Schweigen quittieren.

Zweitens: Echt empfundene Dankbarkeit muß sich nach außen mitteilen — durch Worte, Haltung, Tat oder durch alle drei. Das ist nicht schwer, weil ein dankbarer Mensch nicht schweigt.

Lassen Sie sich nicht durch Ihre „Rechte" davon abhalten, dankbar zu sein. Danken Sie Ihrem Mann für all die kleinen Dinge im Leben, und er wird anfangen, Ihnen jene Extras zu geben, die Sie schon lange gern gehabt hätten. Danken Sie ihm dafür, daß er für die Familie sorgt. Sind Sie selber berufstätig, so ist er besonders auf Ihre Anerkennung angewiesen, denn sein Mannesempfinden leidet vielleicht etwas unter Ihrem Zahltag.

Letzte Weihnachten beobachtete ich einen Mann beim Einkauf in der Parfümerieabteilung. Er sagte zur Verkäuferin: „Geben Sie mir einfach eine von diesen Geschenkpackungen da. Es spielt keine Rolle, was ich für meine Frau kaufe, solange es nicht viel kostet. Sie wird es sowieso zurückbringen und umtauschen."

Dann lächelte er und sagte: „Und jetzt möchte ich noch ein anderes Geschenk aussuchen. Das soll für meine Sekretärin sein. Ich freue mich immer über ihre Reaktion." Er brauchte zwanzig Minuten, bis er das Richtige für sie gefunden hatte!

Macht ein Mann seiner Frau ein Geschenk, ist der Anblick ihrer Freude darüber seine einzige Belohnung. In einem Falle schenkte ein Ehemann seiner Frau ein Armband, das jedoch nicht nach ihrem Geschmack war. Sie beraubte ihn seiner Freude, weil sie beständig Bemerkungen darüber fallen ließ. Endlich tauschte sie es gegen eines um, das ihr gefiel. Seitdem hat ihr Mann ihr kein Geschenk mehr gekauft — warum sollte er auch?

Sollte ein Geschenk bei Ihnen nicht sonderlich Entzücken hervorrufen, so seien Sie vorsichtig. Verwenden Sie es nach Möglichkeit. Zollen Sie ihm Anerkennung dafür, daß er sich nach einem strengen Arbeitstag Zeit dafür genommen hat. Gefällt Ihnen das Geschenk wirklich nicht, so tun Sie nicht so als ob. Das wäre unaufrichtig. Aber Sie können ihm sagen, wie aufmerksam es von ihm war, an Sie zu denken, und auf jeden Fall danken Sie ihm für die Überraschung.

Charlie erzählte mir von dem Morgen, als er unsere dreijährige Michelle mit dem Auto zu ihrer Großmutter brachte. Als sie ausstieg, gab sie Papa zum Abschied einen Kuß und flüsterte: „Dankeschön, Papa." Charlie fühlte sich den ganzen Tag lang wie ein König. Kindliche Anerkennung ist eine Wohltat für das Herz. Papas brauchen sie auch!

Die vollkommene Balance zwischen Undank und Übertreibung ist eine dankbare Einstellung. Ein ehrliches „Dankeschön, Schatz" in Wort und Tat wird jedem Ehemann Befriedigung verschaffen, ob es sich um eine Pelzstola handelt oder um eine Tüte Popcorn. Das Bibelwort „Geben ist seliger als Nehmen" (Apostelgeschichte 20,35) ist immer noch wahr. Bringen Sie Ihren Mann nicht um den Segen!

Unlängst erhielt ich eine Postkarte von einer ehemaligen Kursteilnehmerin, die guten Gebrauch von den im Kurs vermittelten Ratschlägen gemacht hatte. Sie schrieb:

„Die totale Frau kommt sich wie im Himmel vor — eine wunderschöne Ferienwohnung im Herzen von San Juan, mit Blick auf den Atlantischen Ozean, nette Kleider, den prächtigsten Ehemann als Begleiter. Der *Total Woman*-Kurs ist eine großartige Sache. ‚Nichts ist zu gut für meinen Liebling!' sagt Bob. Ich habe das Gelernte in die Tat umgesetzt, und mein Mann ist dabei ganz aufgeblüht!"

Aufgabe

1. Akzeptieren Sie Ihren Mann, wie er ist. Stellen Sie zwei Listen auf — eine mit seinen Unzulänglichkeiten und eine mit seinen Vorzügen. Schauen Sie sich die Liste mit seinen Fehlern gut an, und dann werfen Sie sie fort. Denken Sie nie mehr darüber nach, denken Sie dafür an seine Vorzüge. Behalten Sie diese Liste bei

sich und lesen Sie sie durch, wenn Sie ärgerlich, traurig oder fröhlich sind.

2. Bewundern Sie Ihren Ehepartner jeden Tag. Gehen Sie, wenn nötig, von der Liste mit seinen Tugenden aus. Machen Sie ihm heute ein Kompliment über seine Erscheinung. Bügeln Sie sein angeschlagenes Selbstbewußtsein wieder aus.

3. Passen Sie sich seinen Lebensgewohnheiten an. Machen Sie seine Freunde, seine Lieblingsgerichte und seinen Lebensstil zu den Ihrigen. Lassen Sie sich von ihm die sechs wichtigsten Veränderungen aufschreiben, die er in Ihrem Heim gerne sehen möchte. Lesen Sie dann diese Liste in aller Stille und fangen mit einem Lächeln an, diese Veränderungen in Angriff zu nehmen. Seien Sie jeden Tag eine „Ja, das machen wir"-Frau.

4. Anerkennen Sie alles, was er für Sie tut. Sagen Sie ihm ehrlich „Dankeschön" mit Wort, Haltung und Handlung. Widmen Sie ihm Ihre ungeteilte Aufmerksamkeit.

Dritter Teil

SUPER SEX

8 Die Außenansicht

Gehen wir zu Beginn einmal zurück bis zu dem Moment, als Sie zum erstenmal den Mann sahen, der heute Ihr Gatte ist; und wie er *Sie* damals sah, soll uns dabei besonders interessieren. Wissen Sie noch, wie Sie sich jedesmal tadellos zurechtgemacht hatten, wenn er kam? Zuerst ausgiebige Bäder und dann Puder und Parfüm. Sie waren voller Vorfreude und so aufgeregt, daß Sie es kaum erwarten konnten, ihn zu sehen. Strahlend schwebten Sie ihm entgegen und wußten, wie gerne er Sie sah und sich mit Ihnen sehen ließ.

Und wie haben Sie gestern abend ausgesehen, als er heimkam? Wie waren Sie heute morgen angekleidet, als er zur Arbeit ging? Ist es da verwunderlich, daß die Flitterwochenfreuden vorbei sind und Sie das Gefühl haben, mehr gefangen als begehrt zu sein?

Dabei müßte es nicht so sein. Sehen Sie, Sie sind diejenige, die er beglücken möchte. Sie sind die Frau, die er sich auserwählt hat, um mit ihr zusammenzuleben. Unter allen andern Mädchen ist seine Wahl auf Sic gefallen. Sie möchte er bewundern. Umgekehrt sind Sie es, die ihn zu jeder Ihnen beliebigen Zeit auf einen Höhenflug schicken kann.

Wiederbelebung

Für Ihren Mann ist es etwas vom Wesentlichsten, daß Sie für ihn attraktiv sind. Ihm gefällt Ihr Körper, ja, er begehrt ihn. Spricht Ihre äußere Erscheinung ihn heute immer noch so an wie vor fünf Jahren?

Manch ein Ehemann eilt zur Arbeit und läßt eine Frau in schlampiger Unterwäsche vor einer Tasse Kaffee sitzend hinter sich. Seine einst so hübsche Braut ist mit Lockenwicklern gespickt und riecht wie Schinken und Spiegelei. Im Büro dagegen umgeben ihn den ganzen Tag lang strahlende, von Parfümwolken umschwebte Sekretärinnen.

Mehr verlangt Ihr Ehegatte von Ihnen nicht. Er wünscht nur, daß die Frau seiner Träume, wenn er heimkommt, weiblich, sanft und zugänglich ist. Das braucht er. Er kommt nicht gerne nach Hause, wenn er nur eine abgespannte, mürrische Frau vorfindet. Er sieht auf den ersten Blick, daß Sie gereizt sind, der Appetit vergeht ihm, und schließlich sind es die Kinder, an denen Sie beide sich abreagieren. Eine gewiß schlechte Szene. Muß man sich da noch wundern, daß viele Männer spät heimkommen – wenn überhaupt?

Das war eine weise Frau, die einmal sagte: „Ein Mann kann alles ertragen, nur keine Langeweile." Fühlt sich Ihr Mann gelangweilt? Der schnellste Weg, um ihn wieder auf die Beine zu bringen, ist, daß Sie Ihr Äußeres zu pflegen anfangen. Wird er eine Überraschung erleben, wenn er heute abend zurückkehrt?

Machen Sie sich schön, so können Sie sich selbst vergessen und sich auf den andern konzentrieren. Und das ist auch die Spielregel in der Ehe — sich auf den andern konzentrieren!

Denkt daran, liebe Mitschwestern: ein Mann denkt anders als wir! Bevor er überlegt, was das für eine Frau ist, muß er zuerst die visuelle Barriere passieren — wie eine Frau aussieht. Ihr Aussehen bei seinem Nachhausekommen sollte also erste Priorität haben! Jene ersten Minuten prägen die Atmosphäre des ganzen Abends.

Nehmen Sie sich fest vor, heute abend eine liebevolle Atmosphäre zu schaffen. Begrüßen Sie ihn an der Tür — das Haar und das Gesicht sorgfältig zurechtgemacht, hübsch angezogen, auch wenn Sie nirgendwohin gehen! Seine Lebenskräfte regenerieren sich, wenn er heimkommt und Ihr ganzes Aussehen und Ihre ganze Haltung ihm signalisieren: „Hier bin ich, ich bin dein!"

Beglückende Heimkehr

Nehmen Sie sich etwas Zeit für ein Schaumbad heute abend. Kommt Ihr Mann um 18 Uhr heim, so baden Sie um 17 Uhr. Ich weiß, das mutet etwas lächerlich an, wenn Sie zwei kleine Kinder haben und zehn nach sechs vier hungrige Mäuler stopfen müssen. Ich befinde mich auch in dieser Lage, doch das Schaumbad gehört in jedem Fall zu meinem Programm. Gönnen Sie sich die Wohltat eines warmen, wohlduftenden Bades! Und auch das gehört zur Vorbereitung für Ihr Sechs-Uhr-Rendezvous: Lehnen Sie sich zurück und entledigen Sie sich aller Spannungen des Tages. Denken Sie an den besonderen Mann, der sich auf dem Wege heim zu Ihnen befindet.

Machen Sie sich vom Scheitel bis zur Sohle taufrisch — so richtig zum Anbeißen! Natürlich vergessen Sie nicht, sich gründlich die Zähne zu putzen und den Mund zu spülen. Diese scheinbare „Kleinigkeit" gibt Ihnen noch mehr Sicherheit.

Anstatt mit Ihrem Ehepartner Versteck zu spielen, wenn er müde heimkehrt, begrüßen Sie ihn an der Tür. Machen Sie das Heimkommen zu einem beglückenden Augenblick. Gut zurechtgemacht und nach Kölnisch Wasser duftend ihm die Tür zu öffnen, wird Ihre Stimmungslage bedeutend erhöhen. Sie werden nicht nur für seine Annäherung empfänglich sein, sondern sie auch selber wünschen. Und kommt er schlecht gelaunt nach Hause, dürfte es ihm ziemlich schwerfallen, es neben einer so gutaussehenden und duftenden Frau zu bleiben!

Warum sich nicht mal sexy kleiden?

Eines Morgens machte Charlie eine Bemerkung über den Streß des vor ihm liegenden Tages. Den ganzen Tag über mußte ich an sein grimmiges Gesicht beim Weggehen denken. Was konnte ich tun, um am Abend die Lebensgeister meines müden und abgespannten Mannes wieder zu beleben?

Im Sinne eines Scherzes zog ich mir nach dem Bad ein freches Negligé und – goldene Ballschuhe an. Ich muß zugeben, daß ich töricht aussah und mir noch törichter vorkam. Als ich an jenem Abend die Tür öffnete, um Charlie zu begrüßen, war ich auf seine Reaktion tatsächlich nicht vorbereitet. Mein sonst so ruhiger, reservierter, gelassener Ehemann schaute mich an, ließ seinen Aktenkoffer an Ort und Stelle fallen und verfolgte mich durch die ganze Wohnung. Als er mich endlich erwischte, war er wie verwandelt: fröhlich, entkrampft und wie befreit von seinen Alltagssorgen. So verhalf – völlig unerwartet – ein Scherz zu einem harmonischen Abend. Gibt Ihnen das nicht zu denken? Das Unerwartete, die Abwechslung bricht eben manchen Bann!

Haben Sie auch schon mal Ihren Mann an der Tür in einer etwas ungewöhnlichen Aufmachung begrüßt? Ich höre Sie schon lachend protestieren: „Sie will uns nur aufziehen! Mein Mann ist überhaupt nicht dieser Typ, und übrigens sind wir bereits einundzwanzig Jahre miteinander verheiratet!" Nichts da! Ich spaße nicht, und erst recht nicht, wenn Sie schon einundzwanzig Jahre verheiratet sind. Die meisten Frauen kleiden sich mehr der anderen Frauen als ihrer eigenen Männer wegen. Ihr Mann braucht Sie, um seine Tagträume in Erfüllung gehen zu sehen.

Ich habe Frauen klagen hören: „Mein Mann ist mit mir nicht zufrieden. Er möchte auch andere Frauen. Was soll ich tun?" Sie können für ihn diese anderen Frauen sein. Kleider sorgen für Abwechslung, ohne daß er einen Fuß aus dem Haus setzen muß. Ich glaube, jeder Mann braucht zu Hause Anregung und einen Hauch von Abenteuer. Sorgen Sie immer wieder für Überraschungen, wenn er heimkommt. Sie können ihm das Gefühl wie beim Öffnen eines Geschenks geben: einmal empfängt ihn die Verführung in Person, ein andermal eine knusprige Schönheit. Heute kann es eine Elfe sein und morgen ein rassiger Vamp. Lassen Sie Ihrer Phantasie freien Lauf.

Sie glauben nicht dieser Typ zu sein? Ich glaubte es von mir auch nicht. Sieben Ehejahre lang habe ich es bei ihm mit abwechslungsreichen Kleidern versucht. Ich habe sie nur deswegen ausprobiert, weil unsere Ehe neuen Schwung nötig hatte. Vorher hatte es mir genügt, „normal" gekleidet zu sein. Dann aber begann ich mich um Abwechslung zu bemühen: der Erfolg war groß. Mein Mann spürte, daß mein Bemühen um Abwechslung in Wirklichkeit ein Bemühen um seine Zuneigung war: er dankte es mit Zuneigung.

Eine „Kostüm-Party" jeden Abend erscheint Ihnen vielleicht nicht als wünschenswert, aber Sie sehen, was ich meine. Seien Sie Ihrem Mann stets einen Schritt voraus. Erhalten Sie die Spannung. Es geht ja in Wirklichkeit nicht um ein richtiges Kostümieren, wohl aber darum, daß Sie sich um Phantasie und Abwechslung bemühen. Sie haben kein Recht, Ihren Mann mit hausbackener Kleidung zu langweilen, nur weil Sie ihn als den „Ihren" sozusagen „auf sicher" zu haben glauben! Ihre innere Größe allein genügt nicht. Abwechslungsreiche Kleidung ist auch keine Frage des Budgets, diese Ausrede zieht nicht, meine Damen! Es gibt heute fröhliche und phantasievolle Kleidung für jede Altersstufe und jeden Geldbeutel. Haben Sie doch den Mut, hie und da auf etwas frechere, gewagtere, ja sogar auf sexy Kleidung umzusteigen, auch wenn das Ihrer Mutter nicht passen würde: hier geht's um Ihren MANN! Das WIE ist Ihre Sache, aber ABWECHSLUNG muß sein!

Die etwas versnobte Connie lachte laut heraus, als der Kursklasse die Aufgabe gestellt wurde, sich für den Abend daheim speziell nett anzuziehen. „Ich bin bestimmt nicht der Typ, der sich ein lächerliches Kostüm anzieht", platzte sie heraus. „Mein Mann wird denken, ich sei verrückt geworden."

Am Ende der Woche nahmen sie und ihr Mann am alljährlichen Dinner der Firma teil. Eine der Sekretärinnen stahl mit ihrer gewagten Robe allen anderen die Show. Als Connie ihren Mann so nebenbei fragte: „Was würdest du machen, wenn ich dich eines Abends in einer solchen Aufmachung begrüßen würde?" versetzte seine Antwort ihr einen gelinden Schock: „Oh, Liebling", sagte er, „das wär's! Wenn ich mir vorstelle, daß du mit einem solchen Kleid zu Hause auf mich wartest, würde ich mich über die verstopften Feierabendstraßen gar nicht mehr aufregen. Ich würde sogar früher aufbrechen, um ihnen auszuweichen." Connie zog daraus ihre Schlüsse und handelte danach – mit Erfolg.

Eine andere Kursteilnehmerin begrüßte ihren Mann in einem farbigen, verspielten Kleid, nachdem sie sonst nur unauffällige Kleidung zu tragen pflegte. Seine unerwartet freudige Reaktion bewies ihr schmerzlich, daß sie während Jahren einem Irrtum erlegen war: sie hatte aus seinem resignierten Schweigen geschlossen, er sei mit ihrer freudlosen Kleidung einverstanden. Kommunikationslücke?

Eine schon länger verheiratete Frau in den mittleren Jahren fand diesen Teil der Kursaufgabe sehr schwer. Sie war es seit ihrer Erziehung gewohnt, nur strenge und nüchterne Kleider zu tragen. Ein sexy Kleid war also für sie ausgeschlossen, aber immerhin rang sie sich für das Abendessen zu einem Kleid mit Ausschnitt durch.

Ihr Mann nahm zärtlich ihre Hand und meinte: „Endlich, Kind, aber warum erst heute?"

Diese Geschichten mögen sich unglaublich naiv anhören, aber ich kann Ihnen versichern, daß Phantasie und Abwechslung in der Garderobe todsicheren Erfolg bringen. Doch bevor Sie anfangen, noch ein paar abschließende, zur Vorsicht mahnende Worte:

Erstens: Verwenden Sie Kleider nicht als Trick, um Ihren Mann zu manipulieren. Er spürt es, wenn Sie ihm nicht aufrichtig und aus Liebe gefallen wollen. Vergewissern Sie sich, daß Ihre Haltung zu Ihrer Aufmachung paßt.

Anita Bryant, die den *Total Woman*-Kurs ebenfalls besucht hatte, beschreibt einige ihrer Kurserlebnisse in dem Bestseller „Segne dieses Haus". Als sie ihre neugeborenen Zwillinge nach Hause nahm, beanspruchte die Pflege der Kinder sie und ihren Mann Bob Green so sehr, daß sie geistig und körperlich zu müde waren, um noch Energie für Intimverkehr aufzubringen oder überhaupt daran zu denken.

„Wir erreichten einen Punkt, wo wir uns nicht einmal mehr einen Gutenachtkuß gaben", schrieb Anita. „Es wurmte mich, daß Bob nicht meine Hand hielt oder mir einen Kuß gab, aber ich war zu stolz, um etwas zu sagen. Nebenbei gesagt, trug auch ich meinen Teil Schuld daran."

Anita dachte an die Kursaufgabe (Bekleidung!), packte einen neuen, pikanten Morgenmantel ein und nahm sich vor, aus der zweitägigen Reise ihres Mannes nach Houston, die er aus beruflichen Gründen und in ihrer Begleitung zu machen beabsichtigte, eine Mini-Flitterwoche zu machen. Unterwegs ging jedoch allerlei schief, und Anita fing an, Bob wegen den Mahlzeiten, den Flugreservationen und verschiedenen anderen Bagatellen Vorhaltungen zu machen. Bis zum Abend war Bob von ihrer beständigen Nörgelei erschöpft und ausgefranst.

Wieder im Hotel, nahm sich Anita Zeit, um sich für den Auftritt für ihren Ehepartner zurechtzumachen. Sie betrat das Schlafzimmer, Bob warf einen Blick auf den Rock, fragte, ob das der sei, den er ihr letzte Weihnachten geschenkt hatte, drehte sich um und schlief ein. Anita blieb die halbe Nacht wach und war wütend auf ihn, weil er nicht auf ihre Annäherung eingegangen war.

Am folgenden Morgen bekannte sie Bob ihre Frustration und Enttäuschung, worauf er zu ihr sagte: „Ich ärgerte mich immer noch über all dein Kritisieren. Und ich bin deshalb nicht auf deine Aufmachung eingegangen, weil ich wußte, daß du mich damit verführen wolltest."

Anita fühlte sich durch die Wahrheit ziemlich geschlagen. „Was verführt dich denn?" fragte sie.

Bob schwieg einen Moment und sagte dann ernst: „Freundlichkeit, Anita." Da wurde ihr klar, daß eine anziehende Aufmachung nur die eine Hälfte der Aufgabe war; ihre innere Haltung hatte nicht zu ihrem Äußeren gepaßt.

Kürzlich sagte ich zu Charlie: „Ich wünschte, ich könnte mich bereits am Morgen hübsch machen, aber zwischen Frühstück und Die-Kinder-für-die-Schule-fertigmachen geht das einfach nicht."

„In Ordnung", grinste er, „solange du nur hübsch aussiehst, wenn ich heimkomme!"

Ihrem Mann wird es auch gefallen. Und er wird es Ihnen mit Liebe danken, daß Sie ihm gerne gefallen möchten. Seine Zufriedenheit über eine attraktive und zugängliche Ehefrau wird ihn dahin führen, daß er auch Ihre Bedürfnisse zu stillen vermag. Versuchen Sie es heute abend!

9 Brüchiges Ehebett

Sex ist das populärste Thema auf der Welt. Reklameflächen, Zeitschriften, Filme – sie alle appellieren an den Sex. Viele Sechstkläßler können heute technische Informationen über Sex zitieren, die ihre Großmütter zum Erröten bringen würden. Ärzte und Wissenschaftler rühmen sich täglich neuer Entdeckungen und publizieren sie, damit die Welt daran Anteil haben kann. Sexbücher sind nach wie vor auf den Bestsellerlisten anzutreffen. Zahlreiche Frauenmagazine bringen in jeder Ausgabe einen Hauptartikel über Sex. Sexualität ist nicht mehr länger ein Tabu, über das die Leute heimlich diskutieren.

Doch warum haben denn so viele Frauen wohl mehr Sex, aber weniger Freude daran?

Die Kolumnistin Ann Landers schrieb kürzlich, daß ihr vor Jahren ein prominenter Scheidungsanwalt gesagt hatte, neun von zehn Scheidungen nähmen ihren Anfang im Schlafzimmer. Damals schenkte sie ihm keinen Glauben, doch heute tut sie es. Während den fünfzehn Jahren ihrer Tätigkeit auf dem Gebiet der Lebensberatung hat sie festgestellt, daß, wenn eine Ehe in Brüche geht, die Brüche gewöhnlich im Bett beginnen. Mit anderen Worten: Wenn ein Ehepaar gute sexuelle Beziehungen pflegt, dann wird es sich auch viel mehr anstrengen, seine Probleme zu lösen und beieinander zu bleiben.

Einer dieser Brüche im Ehebett ist die sexlose Ehe. Ich hörte eine Frau sagen: „Wir können keinen geschlechtlichen Umgang haben, weil das Zimmer unserer heranwachsenden Tochter neben unserm Schlafzimmer liegt. Sie könnte uns ja hören!" Ich fragte mich, wie lange dieser Zustand bei ihnen wohl schon andauerte. Dieses Beispiel ist gar nicht so ungewöhnlich, wie es sich anhört. Mir sind viele Fälle bekannt, in denen intelligente Männer und Frauen während Monaten keinerlei ehelichen Verkehr pflegen. Dafür gibt es zahlreiche und verschiedene Gründe. Das Resultat ist katastrophal.

Ann Landers bekam einen interessanten Brief von einer fünfunddreißigjährigen Hausfrau, die seit fünfzehn Jahren verheiratet war und drei Kinder hatte. Sie schrieb: „Mein Mann ist ein flotter Typ, und ich mag ihn sehr. Aber ich möchte ihn lieber nur noch als Freund haben. Ich wäre wirklich froh, wenn er mich zukünftig nicht mehr mit Annäherungsversuchen belästigen würde. Dabei bin ich keineswegs an einem anderen Mann interessiert — falls Sie diesen Verdacht haben sollten. Mein Mann weilt jeden Abend daheim, und ich könnte ihm nichts vorwerfen. Er badet regelmäßig, und wir streiten uns auch nicht. Ich möchte gerne wissen, ob meine Einstellung in Ordnung ist. Seien Sie bitte offen und sagen Sie mir die Wahrheit."

Ann gab zur Antwort: „Bei Ihnen ist alles in Ordnung — aber die Frage ist, ob es auch für Ihren Mann in Ordnung ist! Wenn ja, dann haben Sie kein Problem. Die Schwierigkeit setzt da ein, wo die Meinungen auseinandergehen."

Ich glaube, viele Frauen denken im stillen ähnlich. Sie

würden gerne die geschlechtlichen Beziehungen ausklammern und fortfahren, Ehe zu spielen.

Nichts kommt von allein

Eine lebhafte junge Mutter bekannte: „Mein Mann kommt beim Geschlechtsverkehr auf seine Rechnung, aber ich bleibe dabei kalt. Wir sind seit neun Jahren verheiratet und haben vier Kinder, aber ich bin noch kein einziges Mal zum Höhepunkt gekommen."

Manch eine Frau meint, daß beim Sexualleben in der Ehe alles von alleine kommt. Und wenn dann nichts von alleine kommt, fühlt sie sich desillusioniert. So entwickelt sie bald eine defensive Interessiert-mich-nicht-Einstellung. Ihr Mann deutet diese Einstellung falsch und meint, sie interessiere sich nicht mehr für ihn. Unglücklich in dieser Lage, sehnt er sich nach einer Romanze. Das ist ein gefährlicher Zustand. Ein verheirateter Mann sollte nicht mit einem unbefriedigten Geschlechtsverlangen umherlaufen. Eine totale Frau weiß, daß das Sexualleben für die Ehe wichtig ist. Wenn nicht sowohl er als auch sie im Liebesakt Erfüllung finden, steht es mit ihrer Ehe nicht zum besten.

Intimumgang bedeutet nicht nur die Vereinigung der männlichen und weiblichen Geschlechtsorgane. Es kann und sollte viel mehr als das sein. Das alte englische Wort für Geschlechtsverkehr ist „erkennen". Ein Mann und eine Frau sollen sich einander in der Tiefe ihres Seins erkennen.

Physisch gesehen, bereitet der Höhepunkt während dem Verkehr das größte Vergnügen auf Erden. Medizinische Untersuchungen haben ergeben, daß ein Orgasmus den Körper erneuert und belebt. Daraus resultiert auch eine bessere Gesundheit. Welch wunderbare Therapie!

Emotionell verleiht der Orgasmus, vereint mit der Freude, sich ihrem Gatten hinzugeben, der Frau die tiefste Befriedigung. Sie und ihr Mann fühlen sich befriedigt und erfüllt.

Geistlich gesehen, bedürfen beide Partner, um die allerhöchste Erfüllung beim Geschlechtsverkehr zu erleben, einer persönlichen Beziehung zu Gott. Ist diese vorhanden, dann stellt ihre Vereinigung etwas Heiliges und Schönes dar, und auf geheimnisvolle Weise werden die beiden vollkommen eins. Ehelicher Verkehr wird zu einer Erfahrung, bei der Mann und Frau sich in einer neuen Dimension entdecken.

Fehlt eines dieser Stücke, so ist die Entdeckung nicht vollständig. Es kann sein, daß die Ehepartner sich leer und einsam, ruhelos und unbefriedigt fühlen. Das Geschlechtliche wird für die Frau zu einer enttäuschenden und sogar zerstörerischen Erfahrung, welche sich gewöhnlich in anderen Bereichen ihres Lebens niederschlägt: Sie fängt vielleicht an zu nörgeln, zu schreien oder zu jammern. Dabei kann sie noch von Glück sagen, wenn sie nicht noch andere Probleme dazu bekommt.

Das allererste frischverheiratete Paar

Das Eheleben nahm seinen Anfang im Garten Eden. Der erste Mann war allein gewesen. Die Tage waren lang, die Nächte noch länger. Er hatte keine Köchin, keine Pflegerin, keine Geliebte. Gott sah, daß der Mann sich einsam fühlte und eine Partnerin brauchte, und so gab er ihm eine Frau — das beste Geschenk, das man einem Mann machen kann.

Unter den Rosenbüschen im Garten nahm Gott die erste Operation vor — sogar die Narkose fehlte nicht dabei. Er entnahm der Seite des Mannes eine überzählige Rippe und schuf daraus eine Frau, die er ihm zur ständigen Gefährtin gab. Als der Mann wiedererwachte, war seine Überraschung groß, als er dieses seltsame Geschöpf ihn anblicken sah. Er rieb sich die Augen, betastete seine Rippen und rief aus: „Warum tauchst du denn erst jetzt in meinem Leben auf?" Das ist natürlich eine ziemlich freie Übersetzung! Der eigentliche Wortlaut heißt: „Dies ist Bein von meinem Bein und Fleisch von meinem Fleisch" (1. Mose 2,23).

Es hört sich so an, wie wenn er jemand gesucht hätte, den er brauchte — und hier war sie! Gott sagte zu dem frischverheirateten Paar: „Mehret euch und füllt die Erde..." (1. Mose 1,28). Die Sexualität sollte einem doppelten Zweck dienen: als Ausdrucksmöglichkeit der gegenseitigen Liebe und zur Ausbreitung des Menschengeschlechts. Da standen sie sich nun einander gegenüber, nackt und schön. Sie schämten sich nicht. Ihre menschlichen Körper waren makellos. Keine unanständigen Teile, alle waren vollkommen! Zur Erfüllung ihrer besonderen, von Gott verordneten Beziehung bildeten sie die gegenseitige Ergänzung zueinander.

Weil die Frau dem Mann entstammte, war er ohne sie unvollständig, so wie sie ohne ihn unvollständig war. Und so verspürten sie den Drang, eins zu werden. Das war Gottes Idee — wahrhaft romantisch! Er hätte sie sich ja auch dadurch vermehren lassen können, indem sie ihre beiden Nasen aneinanderrieben! Vermögen Sie sich ihr Vergnügen vorzustellen, wie sie ohne Ehebuch oder ärztliche Aufklärung den Sinn ihrer Körperorgane zu entdecken suchten?

Das war die engste, auf Erden mögliche Gemeinschaft. Ihre geschlechtliche Vereinigung hatte den vollen Segen Gottes. Er verwirklichte seine Idee durch die

Erschaffung von zwei Geschlechtern und nicht nur einem.

Der Schöpfer der Sexualität bestimmte sie zur Freude seiner Geschöpfe. Wir sollten uns nie darüber zu reden schämen, was Gott, ohne sich zu schämen, erschaffen hat. Gott sah sein Werk an, „... und siehe, es war sehr gut" (1. Mose 1,31). Es war gut... es war gut... es war sehr gut.

Sex gleich Sünde?

Wenn Ihr Sexualleben nicht befriedigend ist, so können Sie heute etwas dagegen tun. Vielleicht genügt lediglich eine andere Einstellung auf Ihrer Seite — oder auf seiner. Es ist erstaunlich, wie wenig viele Ehemänner vom Geschlechtsleben ihrer Frauen wissen. In der Kursklasse hörte auch eine junge Frau zum erstenmal, daß es bei ihr ebenfalls zum Orgasmus kommen könne. Sie ging heim und erzählte davon ihrem Ehemann, der antwortete: „Ich habe gar nicht gewußt, daß das bei Frauen auch so ist!" In diesem Fall genügte etwas Aufklärung, um ihr Sexualleben zu revolutionieren. Dieses Paar berichtete auch, daß gewisse Spannungen bei ihnen zu Hause praktisch verschwanden, als die Frau sexuelle Erfüllung zu erleben begann.

Männer brüsten sich insgeheim ihrer Sexualkraft, aber es kann sein, daß Ihr Mann nicht versteht, Ihnen Erfüllung zu schenken. Es gibt einige gute Ehebücher, die sich mit dem Funktionieren der Sexualität befassen und die Ihnen und Ihrem Mann eine Hilfe sein können.*

Vielleicht ist aber das Ausbleiben des Höhepunktes auf

---

* Z. B. von Dr. Th. Bovet: Die Ehe (Anmerkung des Verlegers)

ein tieferes Problem — entweder psychologischen oder physiologischen Charakters — zurückzuführen. Es gibt so viele und verschiedenartige Einstellungen, die Ihr Sexualleben oder das Ihres Mannes beeinflussen können, daß ich unmöglich in diesem Buch darauf eingehen kann. Es existieren jedoch bereits zahlreiche Bücher über dieses Thema.

Beim Lesen verspüren Sie vielleicht das Bedürfnis nach fachkundiger Hilfe, um an die Wurzel Ihres Problems zu gelangen. Genieren Sie sich nicht, Hilfe zu suchen. Das ist kein Fehler. Wenn Sie eine psychische Schlagseite haben, so geht sie wahrscheinlich auf eine Zeit zurück, als Sie von Sexualität noch gar nichts wußten.

Zum Beispiel kann die Einstellung Ihrer Mutter zur Sexualitiät bewußt oder unbewußt Einfluß auf Ihre Einstellung haben. Eine Frau, bereits Großmutter, gestand, daß sie auf Grund von Psalm 51 stets geglaubt hatte, Geschlechtsverkehr sei Sünde. Da heißt es: „... in Sünden hat mich meine Mutter empfangen" (Psalm 51,5). Während Jahren hatte sich das auf ihre Beziehung zu ihrem Mann ausgewirkt. Sogar Sex in der Ehe rief Schuldgefühle in ihr hervor. Sie gab ihre Auffassung wiederum an ihre Kinder weiter, so daß auch deren Anschauung davon geprägt wurde. Der Wellenkreis hatte sich ausgebreitet. Erst vor kurzem erkannte sie, daß Gott die Sexualität auch zu unserm Vergnügen bestimmt hat und der besagte Bibelvers sich auf die sündige Natur der Menschheit bezieht. Alle Kinder werden in Sünden geboren — auf Grund der Tatsache, daß sie Menschen sind. An anderer Stelle steht geschrieben: „Gleichwie durch *einen* Menschen die Sünde in die Welt gekommen ist und durch die Sünde der Tod und so der Tod auf alle Menschen übergegangen ist, weil sie alle gesündigt haben..." (Römer 5,12).

Der Psalmist wollte sagen, daß seine Mutter sündig

war, weil sie dem Menschengeschlecht angehörte, und daß auch er diese „Krankheit" ererbt hatte. Nicht Sex war die erste Sünde, sondern der Entschluß des Menschen, seinen eigenen Weg statt Gottes Weg zu gehen. Sex gab es lange, bevor die Sünde in die Welt kam.

Viktorianische Limonade

Eine junge Braut aus der Viktorianischen Epoche hat ihre geheimsten Gedanken in einem Tagebuch beschrieben. Sie war nie mit einem Mann allein gewesen bis zu jenem Tage, als sie heiratete. Einmal während der Verlobungszeit verließ die Anstandsdame das Zimmer für einige Minuten, um Limonade zu holen. Ihr Verehrer benutzte die Gelegenheit, um ihre Hand zu ergreifen, ihr rasch einen Kuß auf die Lippen zu drücken und sich wie der Blitz wieder auf seinen Platz zu begeben, ehe die Limonade kam.

Bis zu ihrer Hochzeit hatte es zwischen ihr und dem jungen Mann — den Papa ausgesucht hatte — lediglich ein paar flüchtige Berührungen und Küsse gegeben. In der Hochzeitsnacht schickte sich der frischgebackene Ehemann, den sie sonst kaum näher kannte, an, das Eheleben zu kosten. Für die junge Braut blieb diese Nacht als ein einziger Schrecken in ihrer Erinnerung zurück. Der Wechsel vom Händehalten zum Intimverkehr innerhalb weniger Minuten bedeutete für sie einen Schock, um es gelinde zu sagen. Auf Grund ihrer strengen Vorstellungen sah die junge Frau diesen Vorgang tatsächlich als Vergewaltigung an. Sie hat sich von diesem ersten Erlebnis nie mehr erholt und blieb unfähig, an der Liebe ihres Mannes Gefallen zu finden. Eine Vorbereitung für die erste Nacht durch eine saubere

Sexualaufklärung — nicht durch vorehelichen Sex! — hätte ihr die Furcht vor dem Unbekannten genommen.

Sogar heute noch, bei all unserer fortgeschrittenen Technologie, übertragen Frauen ihre sexuellen Ängste auf ihre Töchter. Einmal erzählte mir eine junge Frau, wie ihre Mutter sie einen Tag vor der Hochzeit aufgeklärt hatte: „Du mußt den Sex einfach erdulden", sagte sie. „Das gehört zur Ehe. Aber verhalte dich auf keinen Fall so, als ob es dir gefiele, weil sonst dein Mann meint, du habest schon Erfahrung auf diesem Gebiet."

Es zirkulieren noch manche andere Vorstellungen über die Sexualität. Eine Geschiedene sagte zu mir: „Die Männer sind grundsätzlich Feinde der Frauen. Sie wollen sie unterdrücken und beherrschen, so daß wir uns wehren müssen. Männer sind nur Tiere, die uns für ihre Lust brauchen wollen." Dieses morsche Ehebett ließ ihre Ehe nach drei Jahren in Brüche gehen.

Halten, nicht vorenthalten

Dr. David Reuben, Autor des Buches *Any Woman Can,* schreibt: „Weil die Emotionen alle sexuellen Reaktionen (einschließlich den Orgasmus) beherrschen, sollte eine Frau sorgfältig ihre eigene persönliche Einstellung zur Sexualität überprüfen, ebenso ihre Gefühle für ihren Mann und gegenüber ihrer gegenseitigen Beziehung. In manchen Fällen ist die Unfähigkeit zum Orgasmus nichts anderes als die unbewußte Weigerung, einen zu bekommen, um sich am Ehemann zu rächen." Soweit Dr. Reuben.

Ein Ressentiment gegen den Ehegatten bedeutet nicht unbedingt, daß er schuld ist. Es mag sein, daß das eigentliche Ressentiment der Frau gegen ihren Vater gerichtet ist. Nach einer Kursstunde erzählte mir eine Frau, daß sie sich als Kind zurückgestoßen fühlte, weil ihr Vater von zu Hause fortlief, als sie sieben Jahre alt war. Sie hatte ihn vor dieser Zeit angehimmelt, und sein Weggang hatte sie emotionell durcheinandergebracht. Sie übertrug diese unterdrückte Feindseligkeit gegen ihren Vater auf die Männer allgemein und auf ihren Ehemann im besonderen! „Das Herz brach mir, als mein Vater weglief", sagte sie, „und wahrscheinlich lasse ich unbewußt meinen Mann für all den Kummer büßen, den ich gehabt habe."

Als sie erkannte, was die Ursache für ihr grundsätzliches Mißtrauen gegenüber den Männern war, fühlte sie sich von dieser Bindung an die Vergangenheit befreit. Ihr Mann nahm die veränderte Haltung augenblicklich wahr, und beiderseits begannen sie, sich einer neuen sexuellen Beziehung zu erfreuen.

Ein junges Ehepaar betrat das Sprechzimmer eines Eheberaters, um Hilfe zu suchen, und begann das Drama ihrer Ehe zu beschreiben. Sie hatten sich kurz nach Beginn ihres Studiums befreundet. Es dauerte nicht lange, so wurden sie regelmäßig intim. Im Sommer nach ihrem vierten Semester heirateten sie, und aus finanziellen Gründen gaben beide das Studium auf.

Während der Sprechstunde trat deutlich hervor, daß die Frau ihrem Mann gegenüber ausgesprochen ablehnend eingestellt war. All ihre Lebensträume waren zerschlagen, und sie fühlte sich frustriert. Sie sagte: „Unser Leben ist ein Scherbenhaufen. Nichts ist so gekommen, wie ich es wollte, und alles ist nur seine Schuld!"

„Der Mann hatte tatsächlich ein paar Fehler und Schwächen", sagte später der Psychiater, „aber das wirkliche Problem war ihre Einstellung. Sie machte ihrem Mann Vorwürfe, daß er seine Leidenschaft nicht vor der Heirat zu zügeln vermochte; sie wollte indessen nicht wahrhaben, daß sie doch nein hätte sagen können. Und jetzt, wo sie verheiratet waren, wollte sie sich von ihm nicht anrühren lassen. Sie verweigerte unbewußt den Geschlechtsverkehr wegen ihren Schuldgefühlen." Als sie ihr Problem durchschaute, machten sich beide daran, zu einer Lösung zu finden.

Gebrauchen Sie Sex nicht als Waffe oder als Belohnung, oder wie die Bibel sagt: „Entzieht euch einander nicht..." (1. Korinther 7,5). Gott verstand die Frauen. Er wußte, daß sie wahrscheinlich den kostbaren Besitz der Sexualität dazu benutzen würden, um die Männer zu manipulieren, und warnte sie davor, sie zu rationieren. Die Bibel sagt auch: „Laß dich ihre Liebe allezeit sättigen und ergötze dich allewege an ihrer Liebe" (Sprüche 5,19).

Eine Frau soll ihren Mann beständig und bedingungslos lieben. Den Intimumgang in der Ehe vorzuenthalten, ist eine Form der Bestrafung, die die eheliche Beziehung zerstören kann.

Am Wochenende sah Marilyn nicht viel von ihrem Mann Bill, weil er gewöhnlich samstags und sonntags mit Robert, seinem besten Freund, Golf spielte. Marilyn war deshalb auf Robert nicht gut zu sprechen und auf ihren Mann am Wochenende auch nicht. Kam Bill dann vom Golfspielen zurück, so verweigerte sie ihm die Liebe.

Im Kurs lernte sie, daß ihr Gatte ebenso andere Freunde und Entspannungsmöglichkeiten brauchte, wie sie ihre Freundinnen und Kaffeekränzchen. Sie erfuhr auch, daß der Mann ihre Bedürfnisse nicht stillen kann, wenn sie sich ihm verweigere. Als Bill das nächstemal zum Golfspielen ging, sagte sie in verständnis- und liebevollem Ton: „Viel Vergnügen, Liebling." Obwohl für einen kurzen Augenblick der alte Groll sich melden wollte, begann sie, sich für ihn bei seiner Rückkehr zurechtzumachen.

Zu ihrer Überraschung kam Bill an diesem Tag früher als sonst heim. Er bemerkte, daß Robert ihn hätte überreden wollen, noch zum Essen zu bleiben, aber er habe abgelehnt. Robert hatte noch gefragt: „Was ist denn los? Stehst du etwa unter dem Pantoffel?" und er hatte erwidert: „Nein, ich möchte einfach heim zu Marilyn!" Wenn dies also auch Ihr Problem ist, dann halten Sie ihn, statt ihm Ihre Liebe vorzuenthalten. Wahrscheinlich wird Ihr Mann dann jeden Abend früher heimkommen.

Diese Beispiele zeigen, wie weit weg vom Bett Sexualprobleme entstehen können. Noch einmal ermutige ich Sie, alles Nötige in Ihrem besonderen Fall zu tun, um Ihre Schlagseite ein für allemal loszuwerden.

Guter Sex ist ein Muß für eine gute Ehe. Bei einem ehrlichen, offenen Bemühen werden Sie die sexuellen Freuden, die Ihnen zugedacht sind, immer mehr kennenlernen.

Das Feuer anfachen

Das wichtigste Sexualorgan der Frau ist ihr Gehirn. Wenn nicht ihr Verstand sagt: „Okay, vorwärts", so kann sie schwerlich zu sexueller Erfüllung gelangen. Keinem Mann gelingt es, eine Frau sexuell zu stimulieren, wenn sie es nicht will. Eine Frau in den mittleren Jahren, die in ihrer ganzen Ehe nie zum Höhepunkt gekommen war, erzählte mir: „Schließlich ließ ich meinen Verstand sagen: ‚Okay, vorwärts!', und seitdem habe ich eine brandneue Einstellung. Jetzt begreife ich zum erstenmal, warum alle von Sex reden! Es ist ein Unterschied zwischen bloßem Über-sich-ergehen-lassen des Sexualaktes und der Freude daran."

Erfüllender Sex ist zu 20 Prozent Erziehung und zu 80 Prozent Einstellung. Ihr Problem ist vielleicht nicht mangelndes Wissen über Sexualität, sondern Ihre Einstellung dazu spielt Ihnen einen Streich. Glücklicherweise können Sie dies ja ändern.

Das wunderbare Quellenbuch, die Bibel, sagt: „Die Ehe ist in Ehren bei allen und das Ehebett unbefleckt..." (Hebräer 13,4). Mit anderen Worten: Sex gehört nur in die Ehegemeinschaft, doch innerhalb dieser Grenzen ist gut, was glücklich macht. Sexualität ist so sauber und rein wie das Essen von Naturprodukten.

Dr. David Reuben schreibt: „Exotische Sexualtechniken sind für einen Mann nicht annähernd so wichtig wie das Wissen darum, daß seine Frau ihn liebt, daß er ihr etwas bedeutet und sie ihn körperlich begehrt. Jene Frau, die ihr Bestes tut, um die sexuellen Bedürfnisse ihres Ehegefährten zu stillen, geht einen sicheren Weg, um ihn gegen die Lockung anderer Frauen immun zu machen.

Die Grundlage für sexuelles Glück — oder Elend — wird nicht im Schlafzimmer, sondern am Frühstückstisch gelegt. Was eine Frau sagt oder nicht sagt, wenn er morgens zur Arbeit geht, kann bestimmend sein für das, was am Abend geschieht. Der Ehemann, der sich wohl fühlt, wenn er über seine innersten Ängste und Hoffnungen mit seiner Frau reden kann, wird sich aller Wahrscheinlichkeit nach nicht wohl fühlen, das Bett mit einer anderen zu teilen. Jene flüchtigen Augenblicke des Orgasmus im Dunkel der Nacht stehen in unauflöslichem Zusammenhang mit all den gemeinsam erlebten und getragenen Erfahrungen des Tages, der Woche, des Jahres. Sobald eine Frau das richtig begriffen hat, besitzt sie eine wirksame Waffe gegen Untreue... Die Frau, die sich weigert, ihrem Mann angemessene sexuelle Befriedigung zu verschaffen, veranlaßt ihn buchstäblich, anderswohin zu gehen." — So schreibt Dr. Reuben.

Ihr Ehegatte wünscht sich eine warmherzige, positive und aufmerksame Partnerin. Wenn Sie im Bett knausrig sind, wird er knausrig mit Ihnen sein. Wenn Sie ihm zugänglich sind, müssen Sie keine Angst haben, er könnte seine Augen auf jemand anders werfen. Schenken Sie ihm Erfüllung, indem Sie ihm entgegenkommen, und er wird seinerseits auf Ihre Bedürfnisse eingehen.

In Ihren eigenen Augen sind Sie vielleicht nicht die feurigste Geliebte, doch Ihr Mann würde sich das wünschen. Im stillen fragt er sich: „Wie mache ich meine Sache als Liebhaber?" Wenn Sie sich auf die Intimitäten freuen und Vergnügen daran haben, fühlt sich Ihr Gatte als Liebhaber bestätigt. Das wird auch auf seine Arbeit Auswirkungen haben. Seine Batterie ist seelisch aufgeladen, und er wird es mit der ganzen Welt aufnehmen wollen.

Mag sein, daß Sie Zeit brauchen, um eine so enge Beziehung zu Ihrem Mann zu erreichen, wie Sie es sich wünschen. Seien Sie nicht über sich selbst oder über ihn enttäuscht. Mit der richtigen Einstellung werden Sie immer weiterkommen. Sie werden sehen, daß die ehelichen Freuden Öl für Ihre Ehe ist und sie rundlaufen läßt.

Liebe in der Ehe heißt Hingabe, und Hingabe bedeutet die volle Übergabe der Frau an ihren Mann. Vielleicht nicht über Nacht, doch mit der Zeit werden Sie Ihre Hemmungen verlieren. Innere Unbefangenheit macht auch der physischen Unbefangenheit Bahn, und einem vollen Liebeserleben steht nichts mehr im Wege.

10 Erfüllender Sex

Sex ist soviel wie um zehn Uhr eine Stunde im Bett; Sex 1A aber ist der Höhepunkt einer Atmosphäre, die den ganzen Tag hindurch sorgfältig geschaffen worden ist. Ihre Haltung beim Erwachen Ihres Mannes am Morgen setzt den Akzent für seinen ganzen Tag. Schon vor dem Frühstück können Sie die Grundlage für eine zärtliche Atmosphäre am Abend vorbereiten. Geben Sie ihm als erstes am Morgen einen Kuß. Reiben Sie ihm den Rücken, wenn er aufgewacht ist. Flüstern Sie ihm etwas ins Ohr.

Denken Sie daran, daß er vieles vertragen kann, nur nicht Langeweile. Dasselbe Nachthemd Monat für Monat wirkt auf keinen Mann besonders aufregend. Bereiten Sie ihm und sich selber Freude mit ein paar neuen. Haben Sie schon einmal am Morgen so verführerisch ausgesehen, daß Ihr Mann zu spät ins Büro kam? Sie könnten doch wenigstens in ihm den Wunsch wecken, am liebsten zu Hause bleiben zu dürfen.

Ich weiß von einer Frau, die alle paar Tage die Bettwäsche wechselt, während der Mann sich zur Arbeit fertig macht. Und indem sie die Leintücher mit Kölnisch

Wasser besprüht, sagt sie: „Komm heute abend schnell heim, Schatz." Das verleiht ihm Anreiz für den ganzen Tag. Wenn Sie sich für den Abend viel Zärtlichkeit wünschen, so sollten Sie schon am Morgen damit beginnen – mit Worten. Das ist grundlegend. Sex 1A. Die Ehe ist ein Korb voll solcher kleinen Dinge.

Morgen früh, wenn Ihr Mann zur Arbeit aufbricht, begleiten Sie ihn an die Tür und winken ihm nach, bis er verschwunden ist. Das wird sein letzter Anblick von Ihnen sein. Wecken Sie in ihm das Verlangen, so schnell wie möglich wieder daheim zu sein.

Kürzlich erzählte mir in der Kursklasse eine nette Frau, die ich Janet nennen möchte, wie sehr sie sich eines Tages auf die Rückkehr ihres Mannes freute. Gegen vier Uhr am Nachmittag rief sie ihn im Büro an und sagte etwas nervös: „Liebling, ich freue mich schon so, wenn du heimkommst. Ich habe solch Verlangen nach dir."

Jack antwortete ziemlich konsterniert: „Hmmmm."

„Ist jemand bei dir, Schatz?" fragte sie.

„Hmmmm", kam die gleiche Antwort.

„Also, bis bald, Liebling", sagte sie.

„Hmmmmm", war seine letzte Äußerung.

Und beide legten den Hörer auf.

Fünf Minuten später läutete das Telefon. Es war Jack. Ungläubig sagte er: „Würdest du bitte das wiederholen, was du vor fünf Minuten gesagt hast?"

Die Fortsetzung der Geschichte war beinahe ebenso amüsant. Janet rief ihre Freundin Barbara an und erzählte ihr, was geschehen war. Barbara konnte es nicht erwarten, das gleiche bei ihrem Mann Peter zu probieren. Sie stellte seine Büronummer ein, und als sich die Männerstimme meldete, sagte sie: „Liebling, ich rufe dich an, um dir zu sagen, wie sehr ich nach dir Verlangen habe. Komm schnell heim!"

Die Stimme am andern Ende wollte wissen: „Wer

spricht da?" Und jetzt erst merkte Barbara, daß nicht ihr Gatte, sondern ein anderer Mann am Telefon war, und zu Tode erschrocken legte sie schnellstens den Hörer auf.

Als an jenem Abend ihr Mann nach Hause kam, sagte er: „Du, ich muß dir von dem Telefonanruf erzählen, den Ron heute erhalten hat. Du wirst das nicht glauben!" (Sie hat ihm übrigens nie gesagt, wer die anonyme Anruferin gewesen ist.)

Wenn Sie also das Büro Ihres Mannes anrufen, vergewissern Sie sich zuerst, ob Sie den richtigen Mann an der Strippe haben! Und dann machen Sie es kurz — nur lang genug, um ihn wissen zu lassen, daß Sie sehnsüchtig auf ihn warten. Es könnte für ihn die beste Nachricht des ganzen Tages sein.

Extra-Leckerbissen

Wenn Sie am Morgen das Lunchpaket für Ihren Mann fertig machen, versuchen Sie eine kleine Liebeserklärung hineinzuschmuggeln. Oder schicken Sie ihm eine schöne Karte (vergessen Sie nicht, „Persönlich" darauf zu scheiben!) ins Büro, die ihm seinen Tag verschönert. Oder schauen Sie, wenn dies möglich ist, schnell selber herein. Ich weiß von einer Frau, die ihrem Mann einmal zur Mittagspause einen Picknickkorb ins Büro brachte. Hinter verschlossener Tür verbrachten sie die längste Mittagspause, die ihr Mann seit Monaten gehabt hatte. Die Sekretärinnen reden heute noch davon!

Richten Sie sich mit Ihrer Arbeit so ein, daß Sie wirklich mit allem fertig sind, wenn er nach Hause zurückkehrt. Ein Psychiater erzählte mir: „Viele Männer wären weniger anderweitig mit Arbeit — oder anderen Frauen — beschäftigt, wenn ihre Frauen seine Heimkehr zum schönsten Augenblick des ganzen Tages machen würden."

Verleihen Sie dem Abend eine romantische Note. Decken Sie den Tisch mit einem schönen Tischtuch, mit Blumen und Silberbesteck. Bereiten Sie ihm sein Lieblingsgericht, essen Sie bei Kerzenlicht, und Sie heben damit seine Stimmung.

Nehmen Sie sich vor, Zeit für ihn zu haben. Gestalten Sie Ihren Tag so, daß Sie nicht noch um neun Uhr abends etwas erledigen müssen. Liebestöter Nummer eins für die Liebe ist die Müdigkeit. Doch wenn Sie sich an Ihren Schlachtenplan halten, werden Sie abends auch nicht erledigt sein. Sie werden noch genug Energie haben, um ihm eine leidenschaftliche Liebespartnerin zu sein.

Stellen Sie sich nun darauf ein. Das ist eine der Aufgaben des *Total Woman*-Kurses. In der zweiten Woche sind die Frauen soweit, daß sie eine ganze Woche lang jeden Tag zum Intimverkehr bereit sind. Als ich einer Klasse diese Aufgabe mit heim gab, murmelte eine Frau leise, aber doch hörbar: „Was denkt die sich eigentlich — bin ich denn ein Sexhochleistungscomputer?"

Eine andere Teilnehmerin sagte zur Kurslehrerin: „Ich versuchte letzte Woche, die Aufgabe zu erfüllen, habe es aber nicht geschafft. Es ist mir nur an sechs Abenden gelungen, am Montag jedoch bin ich zu müde gewesen." Die Lehrerin gab ihr die zweitbeste Note — ihr Mann dagegen die beste!

Geheimnisse einer Geliebten

In dem Buch *How to be a Happily Married Mistress* (Wie man eine glücklich verheiratete Geliebte sein kann) fragt die Autorin, Lois Bird: „Würde er Sie zu seiner

Geliebten machen? Eine Geliebte verführt, eine Hausfrau fügt sich. Es ist bekannt, wer mehr Geschenke bekommt."

Ich billige das Halten einer Mätresse in keiner Weise, aber vielleicht sollte man sich einmal fragen, was sie denn so konkurrenzfähig macht. Nell Kimball, eine Dame aus vergangenen Zeiten, hat ihre Memoiren veröffentlicht. Darin ist von einem Callgirl die Rede, das immer gebadet, parfümiert, frisiert und geschmückt ist. Sie läßt sich nie im hellen Licht sehen, sondern nur in schwach erleuchteten Räumen und beim Licht von Kerzen. Sie verweigert nie ihren Körper und spricht nie von ihrem Kopfweh. Nie kritisiert sie oder setzt jemand herab. Er ist immer der Herr. Sie baut sein Ego auf. Sie macht Sex zu einer aufregenden Angelegenheit.

Wie steht es damit, meine Damen? Sind Sie in ihrer Ehe auf ein Stumpengleis geraten? Wären Sie es, die Ihr Mann zu seiner Geliebten erwählen würde?

Eine Sekretärin wurde von der Tageszeitung *Miami Herald* in einem Interview über außerberufliche Beziehungen zwischen Bürofräuleins und ihren Chefs gefragt: „Erzählen Männer im Büro viel von ihren Frauen?"

„Nur ganz selten", sagte sie. „Während meiner ganzen Bürotätigkeit habe ich nie einen Mann sagen hören: ,Ich habe die beste Frau der Welt.' Ich bin immer wieder überrascht, wenn eine Ehefrau ins Büro kommt. Sie sieht selten so gut aus wie ihr Mann. Ich glaube, daß Männer mit zunehmenden Alter immer besser aussehen. Aber bei Frauen scheint das unglücklicherweise nicht so zu sein. Nach meiner Meinung sollte sich die Frau deshalb besondere Mühe geben, eine außerordentliche Gattin zu sein — rücksichtsvoll, aufmerksam und so attraktiv als möglich, besonders wenn ihr Gatte fünfunddreißig oder vierzig ist. Wenn sie wüßte, welchen Anblick die Mädchen im Büro bieten, würde sie kaum am Morgen aufstehen, ihm das Frühstück servieren und dabei wie eine

Schlampe aussehen. Sie würde sich ihm gegenüber in allem viel mehr zusammennehmen und versuchen, in seiner Welt zu leben."

Sollten Sie auf einmal — nach Monaten des Vorenthaltens — ein allzu starkes Verlangen nach Ihrem Mann verspüren, so betrachten Sie es nicht als persönliche Zurückweisung, falls er mit scheinbarem Desinteresse, beruflicher Überbeanspruchung oder mit Mißtrauen reagiert. Vielleicht muß er erst wieder Vertrauen fassen. Halten Sie sich geduldig bereit, und Sie werden nicht lange warten müssen.

Die richtige Stimmung

Ist Ihnen jemals in den Sinn gekommen, daß Liebe im Bett, bei gelöschtem Licht, Woche für Woche und Monat um Monat, für Ihren Mann etwas eintönig werden kann? Lediglich Ihrem Aussehen, nicht aber Zeit und Ort Beachtung zu schenken, verdient nicht die beste Note. Wenn das Schlafzimmer Ihre einzige Möglichkeit darstellt, so geben Sie ihm zum wenigsten eine romantische Ambiance. In einem alten Buch über Liebe heißt es, daß Blumen ein Muß sind, ebenso Musik. Netzen Sie die Bettücher mit Kölnisch Wasser. Betten Sie ihn in Liebe ein.

Seien Sie erfinderisch. Liebe ist ein so reiches Geschehen, daß Ihnen viele Variationen offenstehen. Lassen Sie sich immer wieder eine neue Zärtlichkeit einfallen, Sie kennen doch Ihren Ehepartner am besten! Denken Sie an die Romantik Ihrer jungen Ehe: Sie können sie wiederbeleben, wenn Sie nur wollen!

Ein Arzt in Houston gab einer jungen Frau folgenden Rat: „Wie ich sehe, folgen Sie dem gleichen Verhaltensmuster wie viele meiner älteren Patienten. Nicht wenige unter ihnen sind reich, gesellig und talentiert. Alle fühlen sich unbefriedigt, alle sind neurotisch. Sie sind über das Alter hinaus, um meinen Rat noch anzunehmen, aber Sie sind jung und können Ihren Kurs ändern. Mein Rat lautet: Lieben Sie Ihren Mann unbedingt, und — was ebenso wichtig ist — lieben Sie ihn nie nachts!" Welch ein ungewöhnliches Rezept! Dieser Arzt wußte, daß sich Langeweile einschleicht, wenn Sex zur Routine wird. Er riet ihr, sich am Morgen oder am Nachmittag zu lieben, statt immer nur um halb elf Uhr abends.

Mrs. Mackey Brown überlegte sich, warum ihre Ehe mit einer Scheidung endete. In einem Zeitschriftenartikel unter dem Titel „Die Ehe während den mittleren Jahren frisch erhalten" erzählte sie, was sie hätte vorkehren können, um das Scheitern ihrer Ehe zu verhüten: „Er fand meine Art, Liebe zu machen, phantasielos... es ist gewiß besser, sich einige Abwechslungen einfallen zu lassen und den ehelichen Verkehr zu beleben, ehe es zu spät ist", riet sie. „Wir haben nie Ferien von den Kindern genommen, und sei es auch nur für ein paar Tage, und Sex wurde zu einem Schlafzimmerritual, das kaum noch eine andere Bedeutung hatte, als unsere Spannung zu lösen. Wir sind nicht einmal an ein stilles Plätzchen zum Essen ausgegangen, um zueinander zu sagen: ‚Wer bist du und wie bist du?' Als unsere erwachsenen Kinder von zu Hause fortgingen, blieben wir zurück, starrten uns verwundert über den Frühstückstisch hinweg an und kamen uns wie Fremde in der Fremde vor."

Dr. David Reuben ist gleicher Meinung: „Dieselbe Frau, der es nicht in den Sinn kommen würde, ihrem Mann zum Essen immer wieder dasselbe zu servieren, serviert ihm manchmal Abend für Abend die gleiche schale Sexerfahrung. Das Sexualerleben verliert — ähnlich wie das Abendessen, das immer gleich aussieht — viel von seiner Würze. Hier liegt die Verlockung der anderen Frau, die die Illusion suggeriert, daß der Sex mit ihr mehr verheißt. Befindet sich eine Ehefrau jedoch auf der derselben emotionellen Wellenlänge wie ihr Mann, dann wird es einer außenstehenden Person schwerfallen, größere Befriedigung vorzugaukeln."

Dr. George W. Crane, ein Zeitungsjournalist, schrieb: „Erfolgreiche Ehefrauen sind überragende Boudoirschauspielerinnen, denn sie wissen um die Bedeutung ihrer Rolle als Ein-Frauen-Harem für ihren Lebenspartner! Sie erheischt eine Menge romantischer Darstellungskunst."

Sprechende Hände

Für ein gehaltvolleres intimes Zusammensein heute abend müssen Sie sich Ihrem Mann gegenüber vorbehaltlos zugänglich zeigen. Erdulden Sie nicht nur. Gleichgültigkeit verletzt ihn mehr als alles andere. Verführen Sie ihn aber, so bereiten Sie ihm die größte Freude. Sie dann zu lieben, versetzt ihn nahezu in Ekstase.

Das Buch der Sprüche in der Bibel redet viel von ehelicher Liebe. An einer Stelle heißt es: „Ihre Liebe mag dich allezeit sättigen, und an ihrer Liebkosung magst du dich immer wieder berauschen" (Sprüche 5,19).

Ehelicher Verkehr ist ein Akt der Liebe. Zeigen Sie ihm Ihre Liebe, indem Sie ihm alles geben, was Sie können. Die Hände einer Frau sollten beim Liebesakt nie ruhen. Ihr zärtliches Streicheln signalisiert ihm: „Ich liebe dich."

Psychologische Testresultate haben ergeben, daß Kleinkinder, die nicht liebkost werden, als Erwachsene unter Gefühlsarmut leiden. Dieses grundlegende Bedürfnis nach Liebe, Zärtlichkeit und Trost hält das ganze

Leben an — bei Ihnen und bei ihm. Nur wenn Sie es ihm zeigen, kann er dessen gewiß sein, daß Sie ihn brauchen. Es ist an Ihnen, ihm auf diesem Gebiet, auf dem er verletzlich sein mag, die nötige Selbstsicherheit zu schenken.

Ihr Ehemann möchte von Ihnen körperlich begehrt werden. Er möchte, daß Sie ebenso Freude am Liebesakt haben wie er. Wenn Sie auf diesem Gebiet versagen, ist das niederschmetternd für ihn. Im Innersten hat er das Gefühl, ein kompletter Versager zu sein. Glauben Sie an ihn, und sagen Sie es ihm auch. Lassen Sie ihn wissen, daß er Ihr besonderer Lebensinhalt ist.

Schnellzugtempo

Wenn es heute abend soweit ist, vergessen Sie nicht, daß Ihr Verstand das Kontrollzentrum ist. Stellen Sie ihn darauf ein. Denken Sie an seinen Körper und nicht an das Mittagessen vom kommenden Sonntag. Eines der Geheimnisse im Leben ist, sich auf den gegenwärtigen Moment zu konzentrieren. Erfreuen Sie sich des Gegenwartsaugenblicks — nicht des Gestern oder des Morgen. Dieses Geheimnis gilt auch für den Liebesakt.

Hüllen Sie sich nicht in Schweigen. Die Stummfilmtage sind vorüber. Er wird auf Ihr Liebesgeflüster eingehen. Er weiß nicht automatisch, was Sie mögen und was Sie nicht mögen, sondern nur, wenn Sie es ihm sagen. Sein Gefallen wird sich steigern, wenn er weiß, was Sie gerne möchten. Sagen Sie ihm, welch großartiger Liebhaber er ist — und er wird sich auch als solcher erweisen!

Wenn Ihr Ehegatte Sex im Schnellzugtempo nimmt und nur ein paar Minuten mit Ihnen verbringt, so haben Sie durchaus die Möglichkeit, ihn durch Ihre Haltung abzubremsen, so daß er von selbst länger mit Ihnen zusammen sein will. Indem er sieht, daß der Liebesakt

Ihnen etwas bedeutet, wird er auch Sie zufrieden machen wollen.

Ein wichtiger Tip: Ersticken Sie seine Flamme nicht, sobald die Romanze einmal begonnen hat. Irgendein kleines negatives Wort von Ihnen — auch nur indirekt ausgesprochen — kann ihn komplett „abstellen". Wenn er spürt, daß Sie im Moment nicht eins mit ihm sind, wird er mehr als unzufrieden sein.

Zerstören Sie nicht die Stimmung. Erzählen Sie ihm morgen vom verbeulten Kotflügel am Auto. Fragen Sie ihn nicht, ob er die Hintertür geschlossen hat. Vermeiden Sie alle Sätze, die mit „Übrigens" anfangen, desgleichen negative Antworten oder auch Anspielungen, die manchmal in versteckter, manchmal in weniger versteckter Form gemacht werden. Jeder Mann hört die offensichtlichen Andeutungen heraus, wie zum Beispiel „O nein, doch nicht schon wieder!" oder „Muß das sein?" Andere sind etwas schwieriger zu interpretieren, wie: „Nicht heute, ich habe Kopfschmerzen!" Kopfweh am Montagabend mag eine Tatsache sein oder nur kluge Taktik. Kopfweh die ganze Woche hindurch mag eine sehr ernste Tatsache sein, aber auf keinen Fall eine sehr kluge Taktik.

Manchmal ist Ihre Leidenschaft nicht so groß wie seine, und doch können Sie ihm voll entgegenkommen. Lieben Sie ihn nach Möglichkeit immer, wenn er es wünscht. Müssen Sie einmal nein sagen, so tun Sie es sehr behutsam. Lassen Sie ihn verstehen, daß Sie ihn nicht zurückweisen, seinen Bedürfnissen aber auf andere Weise gerecht werden wollen.

Gefährte, nicht Konkurrent

Intimer Umgang kann schlechte Laune oder eine Unstimmigkeit beseitigen. Eine gewisse Frau fühlte sich von ihrem Mann ungerecht behandelt. In ihrem Stolz verweigerte sie sich ihm so lange, bis er Einsehen zeigte. Die Bibel rät: „... laßt die Sonne nicht über eurem Zorn untergehen" (Epheser 4,26). Geben Sie acht, daß nicht Bitterkeit oder Groll in Ihnen Wurzel faßt, denn dann wird es schwierig.

Ersticken Sie so etwas im Keim. Nehmen Sie Ihren Groll nicht mit in den nächsten Tag hinein. In einer guten Ehe gibt es keinen Platz für Ressentiments. Sein Problem liegt vielleicht zum Teil in seinem Bedürfnis nach Ihrer sexuellen Liebe begründet. Reden Sie miteinander darüber und ändern Sie Ihre Haltung. Häufig braucht es gar nichts anderes.

Liebe stellt nie Forderungen. Liebe heißt, ihn und seine Gefühle bedingungslos zu akzeptieren. Er braucht zu Hause keine Konkurrenz; davon hat er den ganzen Tag lang bei der Arbeit genug gehabt. Statt dessen bedarf er Ihrer Aufmunterung und Unterstützung.

Ein gereiftes Ehepaar sucht keine Vollkommenheit und jagt auch nicht falschen Zielen nach. Es würde ja doch nur zu Enttäuschungen führen. Sie sind sich eins in dem Trachten nach dem Wohlergehen des andern. Die Folge davon ist eine glückliche sexuelle Anpassung.

Verweigern Sie Ihrem Mann auch dann nicht die Intimität, wenn er sich plump benimmt. Er wird wahrscheinlich ziemlich müde sein, wenn er heute abend nach Hause kommt, und will liebevoll behandelt und etwas verhätschelt werden. Setzen Sie ihm etwas Leckeres zum Essen vor. Lindern Sie seine Frustration durch Ihre Hingabe. „Lovemaking" tröstet einen Mann. Es kann auch Sie trösten.

Als ich neulich vor einem Klub von Geschäftsleuten

sprach, erzählte ich ihnen etwas über die Aufgaben im *Total Woman*-Kurs. Ich legte ihnen als Begründung für die Aufgaben dar, daß Liebe den Mann tröstet. Die Reaktion dieser gewieften Geschäftsmänner kam für mich vollständig unerwartet. Sie brachen spontan in Rufe aus, klopften beifallzollend auf die Tische und versicherten mich ihrer vollen Zustimmung.

Liebe ist eine Kunst, die Sie weiterentwickeln können. Sie können es in dieser Kunst bis zum Rembrandt bringen. Der Nutzen davon kann gar nicht überbetont werden. Machen Sie sich auf den Weg, eine Künstlerin zu werden. Heute abend haben Sie Gelegenheit dazu. Stellen Sie sich darauf ein, erleben Sie die Vorfreude, entspannen Sie sich, genießen Sie es!

Aufgabe

1. Sorgen Sie am Morgen für die richtige Stimmung. Seien Sie liebevoll. Bieten Sie ihm einen angenehmen Anblick. Reden Sie mit ihm. Begleiten Sie ihren Ehemann jeden Morgen zum Auto, und winken Sie ihm nach.

2. Rufen Sie ihn mal in dieser Woche eine Stunde vor Arbeitsschluß an, um ihm zu sagen: „Ich möchte heute gerne mit dir zusammensein!" oder irgendeine andere Zärtlichkeit.

3. Überraschen Sie ihn an der Tür mit Ihrer Garderobe. Etwas Frecheres als üblich wird Ihn freuen. Abwechslung ist die Würze der Liebe.

4. Seien Sie jeden Abend dieser Woche innerlich und äußerlich für intimes Zusammensein bereit. Achten Sie

auf die Übereinstimmung zwischen Aufmachung und Einstellung. Seien Sie mehr Verführerin als Verführte.

5. Wenn Sie das Gefühl haben, daß Ihre Situation mit einem größeren Problem belastet ist, so suchen Sie kompetente Hilfe.

Vierter Teil

BRÜCKEN BAUEN

11 Gestörte Verbindungen reparieren

Charlie kam eines Freitagnachmittags mit einem finsteren Ausdruck auf seinem Gesicht heim. Offensichtlich hatte er keinen allzu guten Tag gehabt. Für den Abend waren wir zum Essen eingeladen, und so sprudelte ich vor guter Laune fast über. Ich wollte mir den Abend nicht durch ihn verderben lassen und versuchte, ihn auf fröhliche Art ins Gespräch zu ziehen. Doch er blickte mich nur finster an und tat dann so, als wäre ich gar nicht da. Weil mir nicht bewußt war, warum er ärgerlich mit mir sein könnte, fühlte ich mich etwas irritiert. Schließlich gab ich es auf, und wir machten uns schweigend fertig.

Auf dem Weg zur Party saß ich so dicht bei der Wagentür, wie ich nur konnte, und fühlte mich durch die eisige Schranke zwischen uns verletzt. Voller Bedauern dachte ich: „Wenn ich nicht den vermaledeiten Kurs geben würde, hätte ich ihm jetzt ganz schön was gesagt!"

Bei der Party angekommen, setzten wir die heiterste Miene auf, und schon waren wir mitten im Begrüßungszeremoniell drin: „Hallo, wie geht es euch? — Danke, uns geht's blendend!" Alle Paare kamen strahlend herein, und allen Paaren schien es blendend zu gehen. Im stillen fragte ich mich, ob sie in Wirklichkeit auch alle so wütend aufeinander waren wie wir beide...

Wir redeten während der ganzen Party nicht zwei Worte miteinander. Doch auf dem Heimweg fuhr es mir in den Sinn: „Halt mal! Was geht hier eigentlich vor? Wir sind zivilisierte Amerikaner und auch schon einundzwanzig gewesen. Wir sollten uns doch nicht mehr wie kleine Kinder benehmen! Charlie hat einen schlechten Tag im Büro gehabt und braucht jetzt sicher meine Liebe mehr denn je." Sanft sagte ich zu ihm: „Du hast einen strengen Tag hinter dir, und jetzt ist sowieso eine hektische Zeit. Wir haben uns beide davon überrollen lassen."

Diese kleine Bemerkung schien die Spannung zu lösen, und Charlie begann zu reden. All die Gedanken, die in seinem Kopf durcheinandergewirbelt waren, sprudelten jetzt aus ihm heraus, und für mich war das eine beglückende Bestätigung des Bibelwortes: „Eine sanfte Antwort stillt den Zorn" (Sprüche 15,1). Überdies bestimmte diese sanfte Antwort auch den Ton des folgenden Tages. Charlie sagte beim Frühstück: „Ich habe meine Mitmenschen heute morgen richtig gern!" Dadurch, daß er sich seine Frustration am Abend vorher von der Leber reden konnte, fühlte er sich jetzt verstanden. Er war voller Liebe und bereit, seine ganze Welt daran teilhaben zu lassen.

Eheliches Gespräch

Robert L. Stevenson schrieb: „Die Ehe ist ein einziges, langes Gespräch, dann und wann von einer Auseinandersetzung unterbrochen." Gute Kommunikation ist für eine gute Ehe wesentlich, aber leider fehlt sie nur allzu oft. Ich erinnere mich an eine Karikatur von einem primitiven Höhlenmenschen und seiner Frau, wie die beiden sich einander anschauen. Frau Höhlenmensch sagte: „Wir haben jetzt sprechen gelernt, also wollen wir versuchen, dieselbe Sprache zu sprechen!"

Wir Frauen sind so ganz verschieden von jenem seltsamen, doch wunderbaren Geschöpf, Mann genannt. Wir gehen beim Versuch, uns dem andern mitzuteilen, oft von ganz anderen Voraussetzungen aus. Ein Mann spricht mit seiner Frau, um Ideen und Informationen mitzuteilen. Eine Frau dagegen möchte über Empfindungen und Emotionen reden. Wann haben Sie zum Beispiel das letztemal Ihren Mann gefragt: „Liebst du mich?" Sie *wissen* doch, daß er Sie liebt. Er hat es Ihnen schon gesagt, nicht wahr? Sie verspüren ein emotionelles Verlangen, es immer und immer wieder zu hören.

Eine Frau drückt ihre Liebe in Worten aus und erwartet als Antwort auch Worte. Ein Mann drückt seine Liebe in Handlungen aus — im Intimverkehr, im Nachhausebringen des Zahltags, im Kauf eines Hauses für seine Frau. Sie möchte Worte und Zärtlichkeit; er gibt ihr materielle Dinge. Ist es deshalb verwunderlich, wenn wir manchmal Kommunikationsschwierigkeiten haben?

Es besteht ein großes Bedürfnis nach verständnisvollen Frauen. Den Mann, mit dem man lebt und liebt, zu verstehen, führt zu innerer Freiheit. Vermitteln Sie Ihrem Ehegatten diese Freiheit und diesen Luxus; er wird es Ihnen danken. In Ihrer Ehe wird es wieder anfangen zu prickeln, das verspreche ich Ihnen.

Glücklichere und gesündere Ehemänner

Liebe kann sich nicht distanzieren. Mann und Frau müssen sich einander mitteilen, wenn sie sich verstehen wollen. Nichts gleicht dem Gefühl, verstanden zu werden. Zuversicht erfüllt Sie, Ihre Last ist verschwunden, Sie sind wieder zu neuen Taten aufgelegt.

Ist der Kommunikationsfluß in Ihrer Ehe durch mangelnden Gebrauch gestört oder sogar unterbrochen? Dann sorgen Sie doch für die Reparatur, und wenn Sie dabei zur Psychotherapeutin für Ihren Ehegespons werden, dann werden Sie am Ende einen glücklicheren und gesünderen Gatten haben. Hoffentlich üben die folgenden Ratschläge dieselbe therapeutische Wirkung bei Ihrem Mann aus wie bei meinem:

1. *Seien Sie eine gute Zuhörerin.* Wenn immer Charlie bei einer Gesellschaft am Tisch mit mir zu reden begann, dann war das jahrelang für mich das Signal, mit der Person neben mir eine Unterhaltung anzufangen. Zu Hause habe ich es auch nicht viel besser gemacht. Ich las in einer Zeitschrift, während er mit mir sprach, oder ich beschäftigte mich mit irgend etwas und hörte nur halb zu. Natürlich entging mir das meiste von dem, was er mir erzählen wollte. Ich meinte, beides zur gleichen Zeit tun zu können: lesen und zuhören und obendrein noch Zeit gewinnen!

Die Erfahrung ließ mich erkennen, daß Charlie sich durch meine Gleichgültigkeit verletzt fühlte. Er wollte, daß ich ihn anschaute, mich auf ihn konzentrierte und an seinen Lippen hing. Er wollte, daß ich mir seine Geschichten anhörte, auch wenn ich sie schon ein dutzendmal vorher vernommen hatte. Wie die meisten Ehemänner, so wollte auch er, daß ich sein Fan Nummer eins sei und das auch durch aufmerksames Zuhören bewies.

Eines Abends bat er mich, sein Plädoyer für eine Verhandlung am nächsten Morgen abzuhören. Nicht nur einmal, nein, dreimal legte er mir seinen Fall dar. Eine ganze Stunde lang saß ich da. Dabei sollte ich weder nähen noch eine Zeitschrift anschauen; er wollte meine uneingeschränkte Aufmerksamkeit. Und so bewunderte ich ihn beim Zuhören und hielt meinen Blick auf ihn gerichtet. Wenn er eine besonders brillante Formulierung fand, strahlte ich. War mir die Sprache zu hoch, so runzelte ich nachdenklich meine Stirn. Ich stellte mit einemmal fest, daß mir sein Plädoyer zu gefallen begann.

Am nächsten Morgen spürte ich, wie er seinem Auftritt vor Gericht zuversichtlich entgegensah. Beim Morgenessen sagte er zu den Mädchen: „Jetzt wollen wir alle Mama einen Kuß geben, einer nach dem andern!" Ich hatte einen prima Tag!

Douglas L. Steer sagte, es sei der größte Dienst, den ein menschliches Wesen für ein anderes tun kann, wenn man der Seele eines anderen so zuhört, daß sie sich aufschließt und sich entdecken läßt. Erzählen können alle, aber nur wahre Freunde hören wirklich zu. Wenn Sie das nicht so ganz glauben, dann beobachten Sie einmal Ihre Freunde bei der nächsten Party, die Sie besuchen.

Kommunikation bedeutet mitteilen und nicht sich davonmachen. Dazu braucht es ein Doppeltes — reden und zuhören, und es braucht wenigstens zwei Personen — den Redenden und den Zuhörenden. Beides nimmt in der Ehe einen wichtigen Platz ein. Sie müssen reden, um Ihre Gedanken mitzuteilen, aber Sie müssen auch zuhören, wenn Ihr Mann seine Gedanken zum Ausdruck bringt. Wenn ein Ehemann sagt: „Meine Frau versteht mich nicht", dann meint er gewöhnlich: „Sie hört gar nicht zu."

Als Joe zum Essen nach Hause kam, platzte er ins

Haus und rief: „Weißt du was, Schatz? Ich habe den Auftrag von Miller & Co. doch noch bekommen! Mensch, bin ich in den letzten zwei Monaten in der Klemme gewesen; aber welch eine Erleichterung jetzt! Ganze drei Stunden habe ich heute mit New York telefoniert, um den Vertrag unter Dach zu bringen."

Statt darauf einzugehen, entgegnete Ann: „Sag mal, hast du daran gedacht, mein Paket abzuholen?" Sie war mit ihren Gedanken ganz woanders und hatte kein Wort von dem gehört, was er gesagt hatte. Er hatte nicht einfach gemeint, daß es eine schwierige Verhandlung war. Er hatte sagen wollen: „Ich bin auf meine Leistung stolz. Habe ich nicht einen Schlag auf die Schulter verdient, Ann? Bist du nicht stolz auf mich?" Er hatte Anerkennung und Lob bei seiner Frau gesucht.

Hören Sie „zwischen den Zeilen", während Ihr Mann redet. Sie werden manche Bedürfnisse heraushören, die sonst nicht offen ausgesprochen werden. Wenn er sich in Schweigen hüllt, beginnen Sie nicht zu bohren. Sagen Sie ihm statt dessen etwas Anerkennendes, und achten Sie darauf, wie seine Reaktion ausfällt. Wenn er sich zufrieden entspannt, so lassen Sie ihn in Ruhe. Fängt er an zu erzählen, so seien Sie ganz Ohr.

2. *Erteilen Sie ihm keine Ratschläge.* Shakespeare warnte: „Die andere schulmeistern wollen, sollten sich oft selber schulmeistern." Häufig geben Ehefrauen ungebetene Ratschläge, wie zum Beispiel: „Nun, Bob... wenn ich an deiner Stelle wäre... ich habe den Eindruck... logisch betrachtet... warum gehst du morgen nicht hin und sagst ihm deine Meinung?" Wenn Sie ihm Ratschläge geben, meint er, Sie verurteilten ihn und machten ihn für das Problem verantwortlich. Obwohl Sie es gut meinen, hören Sie sich wie eine Stiefmutter an. Er kommt sich wie ein zurechtgewiesener kleiner Junge vor.

Wer führt denn eigentlich das Steuer? Sparen Sie sich Ihre Vorträge. Wenn er schwierige Momente hat, braucht er nicht Ihre Bevormundung; er braucht Ihr Ohr, nicht Ihren Mund. Da gab es einen Mann, der sich dreizehn Jahre lang hinter seiner Zeitung versteckte, um einer Auge-in-Auge-Begegnung mit seiner Frau aus dem Wege zu gehen. Er fürchtete sich davor, daß sie ihm sagen könnte, was er zu tun hätte.

3. *Kritisieren oder demütigen Sie ihn nicht.* Bei einem Essen hörte ich, wie eine Frau zu ihrem Mann, der ihr am Tisch gegenübersaß, sagte: „Das ist keine schlechte Idee, besonders wenn man bedenkt, daß sie von dir kommt!" In einem andern Fall erzählte ein Mann mißmutig seiner Frau, daß er die erwartete Lohnerhöhung nicht bekommen habe. Seine Frau gab bissig zurück: „Das konnte ich mir denken; du bist ja immer schon ein Versager gewesen." Wer braucht bei solchen Freunden noch Feinde? Welcher Mann würde seiner sarkastischen Frau schon sagen, wie es wirklich in seinem Herzen aussieht? Wenn er zum vornherein weiß, daß er angeödet wird, sobald er seinen Mund öffnet, dann hüllt er sich entweder ganz in Schweigen, oder er macht das Spiel mit und schießt zurück.

Wir Frauen sind anfällig dafür, unsere Ehemänner zu kritisieren und herabzusetzen, besonders an Partys und bei Freunden. Das Leben ist viel zu schade, um solche grausamen Spielchen mit dem andern zu treiben. Sie lassen nur bittere Trennwände entstehen, die eine echte Kommunikation verhindern.

4. *Verstehen Sie seine Gesichtspunkte.* Oft bestehen unsere besten Augenblicke nicht im Anrennen gegen andere Auffassungen, sondern im Anhören derselben. Was wir nicht hören, können wir auch nicht verstehen.

Gegenseitiges Verständnis wird nur durch gegenseitige Kommunikation möglich.

Wenn Sie und Ihr Mann sich das nächstemal im Schweigen festgefahren haben, machen Sie sich doch einmal Gedanken über seine Gesichtspunkte. Sobald Sie verstehen, worum es ihm im tiefsten Grunde geht, werden Sie merken, daß seine Schlüsse, von seinem Standpunkt aus gesehen, durchaus logisch sind. Versteht man erst einmal, von welchen Voraussetzungen der andere ausgeht, so kann man keinem Mann (oder keiner Frau) die Logik absprechen.

Eines Nachmittags fuhr Chad Jones mit seiner Frau in die Colorado-Berge, um seinen neuen Sportwagen auszuprobieren. Als er in hohem Tempo eine Kurve nahm, spannten sich die Nerven seiner Frau fast bis zum Zerreißen, der Atem stockte ihr, und im unwillkürlichen Versuch, das Auto zu bremsen, stemmte sie die Füße gegen den Boden. Sie packte Chads Arm, der das Steuer fest im Griff hielt, und schrie: „Halt, Chad, du bringst uns noch um!"

Sie schafften die Kurve, und Chads Frau beruhigte sich nach einigen Augenblicken, nicht aber Chad. Immer wieder mußte er denken: „Jetzt hätte meine Frau beinahe einen Trümmerhaufen aus uns gemacht!" Doch je mehr er darüber nachdachte, desto mehr erkannte er, daß ihre Logik schließlich doch nicht so verkehrt war. Während Jahren war er in den Bergen unfallfrei gefahren. Seine Überlegung sah so aus: „Ich bin diese Kurven schon jahrelang gefahren, und schaffe es auch diesmal. Erfahrung verringert die Unfallwahrscheinlichkeit." Ihre Überlegung war: „Du bist diese Kurven während Jahren ohne Unfall gefahren, und nach dem Wahrscheinlichkeitsgesetz wärest du schon lange überfällig." Beide Schlußfolgerungen waren logisch, gingen jedoch von verschiedenen Gesichtspunkten aus.

Ein Mann sagte zu seiner Frau, daß er gerne einen Abendkurs zur beruflichen Weiterbildung nehmen würde. Der erste Gedanke der Frau war: „O nein, du bist sowieso schon zu wenig zu Hause, und jetzt willst du noch an zwei weiteren Abenden fort!" Aber anstatt sich zu beklagen oder zu probieren, ihn von dieser Idee abzubringen, bemühte sie sich, die Sache mit seinen Augen zu sehen. „Er möchte ja nicht weniger daheim sein, sondern einfach der beste Mann im Büro werden."

Als sie sich das überlegte, sagte sie aufrichtig: „Schatz, ich bin stolz auf dich, daß du der beste in deinem Fach sein möchtest. Mir ist klar, daß es unterdessen nicht leicht sein wird, aber ich bin auf jeden Fall dafür." Sie sah es so wie er, und ihre Aufmunterung war gerade das, was er brauchte.

5. *Übersehen Sie nicht seine Stimmungen.* Ron und Marie hatten — einmal mehr — eine Auseinandersetzung am Frühstückstisch gehabt. Unterwegs zur Arbeit kämpfte Ron gegen die aufsteigende Entmutigung an. Als er im Büro ankam, hatte er einen Zusammenstoß mit einem verärgerten, aber wichtigen Kunden. Dann kam der Boß herein und fauchte Ron wegen eines technischen Fehlers an, der diesem unterlaufen war. Anschließend ging der Chef hinaus und unterhielt sich im benachbarten Büro ausgerechnet mit jenem jungen Mann, den er als seinen Rivalen betrachtete.

Den ganzen Tag lang kam sich Ron alt und bedroht vor. Als er nach Hause zurückkehrte, bat er Marie, ein paar Besorgungen zu machen. Sie seufzte: „Ich kann jetzt nicht gehen, ich muß noch einige andere Dinge erledigen." Rons angeschlagenes Ego registrierte die Signale. Er kam sich überflüssig vor. Am liebsten wäre er in sein Schneckenhaus gekrochen und hätte die Tür zugeriegelt.

Es kann sein, daß sich Ihr Mann bereits ins Schneckenhaus zurückgezogen hat. Es ist an Ihnen, das Gute in ihm zu sehen. Muntern Sie ihn auf. Sagen Sie zu ihm: „Du hast bestimmt das Zeug dazu, die Arbeit bestens zu erledigen. Ich traue es dir zu, daß du es schaffst!" Und er wird es schaffen!

Wenn Ihr Mann einen solchen Tag hinter sich hat und Sie es zu spüren bekommen, dann lassen Sie es nicht an der nötigen Feinfühligkeit seiner Stimmung gegenüber fehlen. Erfassen Sie sein Problem, und dann umgeben Sie ihn mit Güte und Wärme. Denken Sie daran, daß er den ganzen Tag im Büro unter Druck stand. Er kann sich wirklich nicht hinsetzen und Tränen vergießen, aber vielleicht weint er inwendig, während er seine Gefühlsreaktion nach außen hinter dem Ärger verbirgt, den er an Ihnen ausläßt. Er braucht jetzt Ihren Trost und Ihre Wärme mehr denn je. Hüten Sie sich davor, weder in ihn zu dringen noch zu jammern, wenn er Ihnen nichts erzählt. Es kann sein, daß die Kommunikation nicht immer sofort da ist, besonders wenn sie schon seit einiger Zeit nicht mehr richtig geklappt hat. Wenn er Ihnen nicht vertrauen kann, wird er auch nicht reden. Sind Sie vertrauenswürdig?

6. *Interessieren Sie sich für seine Interessen.* Vor unserer Hochzeit hatte ich nie die Sportseite gelesen, aber es dauerte nicht lange, bis ich feststellte, welche Spalte er am Morgen zuerst las. Also entschloß ich mich, sie auch zu lesen — zuerst aus Neugier, später aus Interesse.

Eines Morgens las ich vom Transfer eines Fußballspielers. Ich merkte mir seinen Namen und rief ihn mir den ganzen Nachmittag lang ins Gedächtnis zurück. Beim Abendessen fragte ich Charlie so nebenbei, was er denn von dem Ankauf dieses Spielers durch die *Dallas-Cowboys* hielt. Ungläubig ließ er seine Gabel fallen und hob langsam seinen Blick zu mir auf. Er konnte es kaum glauben, daß ich den Artikel gelesen hatte, wußte aber wirklich mein Interesse an seinem Interesse zu schätzen.

Ist Ihr Ehemann ein Fußballfan wie meiner, dann informieren Sie sich, wie der Fußball funktioniert. Beschäftigt er sich mit prähistorischen Buntspechten, so nehmen Sie sich die Mühe, mit ihm über prähistorische Buntspechte reden zu können. Seien Sie seinen Interessen gegenüber nicht gleichgültig. Seien Sie ihm der Freund, den er braucht.

Den Hitzkopf abkühlen

Meine Ehe kennt, wie die Ihrige, von Zeit zu Zeit Probleme. Es gibt weder eine vollkommene Ehe noch einen vollkommenen Ehemann — falls Sie danach suchen sollten. Schwierigkeiten sind normal, und keine Ehe ist dagegen immun — verzweifeln Sie also nicht. Worauf es jedoch ankommt, ist, wie man mit auftretenden Meinungsverschiedenheiten fertig beziehungsweise nicht fertig wird. Wie reagieren Sie zum Beispiel, wenn Sie auf Ihren Mann wütend sind? Explodieren Sie vulkanartig, oder halten Sie Ihren Zorn inwendig zurück? Beides kann gefährlich und ungesund sein.

Zu viele Frauen schlucken ihren Ärger hinunter und tun so, als gäbe es ihn nicht. Aber mit der Stumm-Methode löst man den Konflikt nicht, sondern intensiviert ihn und macht aus Mäusen Elefanten. Die schweigende Märtyrerin zu spielen erfordert sehr viel Energie.

Der Preis für das Schweigen ist zu hoch. Erstens einmal wird damit die Kommunikation ganz abgebrochen, und zweitens muß der Körper dafür büßen. Die verärgerte, schweigende Ehefrau neigt dazu, in Gedanken immer wieder neu zu dem Problem zurückzukehren, wobei sie jedesmal versucht, ihre Stellung zu rechtfertigen. Nachts mag sie wohl das gleiche Bett mit ihrem Mann teilen und sich doch meilenweit von ihm entfernt fühlen. Sie liegt da, fühlt sich ungerecht behandelt, und Bitterkeit will in ihr aufsteigen — besonders wenn er vor ihr einschläft!

Die Bibel sagt: „... lasset die Sonne nicht über eurem Zorn untergehen" (Epheser 4,26). Lassen Sie keine bittere Wurzel in sich aufwachsen (Hebräer 12,15), sondern lösen Sie Ihre Konflikte Tag für Tag. Lasten, die man in den nächsten Tag mit hinübernimmt, sind schwer zu tragen. Verbitterung kann zum Gift für den Körper werden. Sie kann den ganzen Tag hindurch Ihre Gedanken und Ihr Tun beeinflussen, Ihren Gesichtsausdruck verunstalten und sogar gesundheitliche Störungen auslösen.

Unsere kultivierte Gesellschaft hat uns zur Unaufrichtigkeit verformt — abgedroschene Phrasen, gezwungenes Lächeln, Fassaden. Eine gesunde Ehe jedoch sollte weder Unaufrichtigkeit noch Geheimnisse kennen. Beide, Mann und Frau, sollten ungezwungen ihre eigentlichen Gefühle ausdrücken können und dabei taktvoll statt angriffig vorgehen. Wenn Sie das nächstemal einen Strauß mit Ihrem Gatten ausfechten, versuchen Sie folgende hilfreiche Ratschläge in die Tat umzusetzen:

1. *Kontrollieren Sie Ihre Tränen.* Auf dem Schlachtfeld des ersten Ehestreites bleibt gewöhnlich eine weinende Frau zurück. Das lehrt den jungen Ehemann: „Werfe ihr nicht ihre Fehler vor, sonst weint sie." Unbewußt drosselt er die Kommunikation zu ihr, um sie zu schonen.

Gott hat uns Tränen gegeben. Wir Frauen besitzen ein komplizierteres Gefühlsleben als die Männer. Unsere Tränen verraten unsere Emotionen. Ein verhaltenes

Weinen läßt einen Mann sich stark und als Beschützer fühlen, aber heftiges, schweres Schluchzen geht ihm auf die Nerven, so daß er am liebsten auf dem schnellsten Wege davonlaufen möchte.

Im Gegensatz zu einer weitverbreiteten Auffassung findet der Mann keine Freude an einem handfesten Ehekrach. Ob Tränen oder Schreien — er weiß nicht recht, wie er solchen Emotionen begegnen soll; aber um seine Selbstachtung zu verteidigen, schießt er zurück.

Wenn ich über Charlie zornig bin, dann warne ich ihn rechtzeitig und sage zu ihm: „Ich rege mich jetzt auf. Warte einen Augenblick." Manchmal laufe ich nach oben, weine und tue mir selbst leid. Bin ich wieder ruhiger geworden und habe meine Fassung zurückgewonnen, komme ich wieder zurück und setze das Gespräch fort. Ich gebe mir Mühe, nicht nachzutragen, auf ihm herumzuhacken oder als Strafe ihm die Liebe zu verweigern. Ich finde, daß es am besten ist zu sagen, was ich zu sagen habe, und dann zu vergeben und zu vergessen.

Jeder verletzt irgendwann einmal den andern. Wenn Sie sich das nächstemal durch Ihren Mann verletzt fühlen, dann bleiben Sie nicht bei dem stehen, was er getan hat, sondern überlegen Sie statt dessen, wie Sie auf sein Verhalten reagieren sollen. Welch eine Herausforderung! Seine nächste Gedankenlosigkeit gibt Ihnen Gelegenheit, sich in neuen, positiven Reaktionen zu üben.

2. *Warten Sie den geeigneten Moment ab.* Bevor Sie reden, denken Sie das Problem durch und versuchen es in der richtigen Perspektive zu sehen. Eine ärgerliche Explosion verletzt nur die Gefühle Ihres Mannes und richtet Schranken zwischen Ihnen auf. Halten Sie inne und überlegen Sie zuerst, ehe Sie mit Dingen heraus-

platzen, die Sie nachher bereuen. Versuchen Sie, sich so einzustellen, daß Sie sich von Ihren Gefühlen nicht hinreißen lassen. Beten Sie um Besonnenheit und Liebe.

Eine scharfsinnige Karikatur zeigte einen irritierten Ehemann, der seine Frau fragt: „Müssen wir ausgerechnet jetzt unsere Ehe retten wollen, wo ich die Sportseite lese?" Der richtige Moment ist wichtig. Empfangen Sie Ihren Mann nicht mit dem Nudelholz an der Tür. Geben Sie ihm Gelegenheit, sich zu entspannen, und nehmen Sie sich Zeit, seine Stimmung abzuschätzen. Wenn Sie mit Ihrem Problem warten, bis er in ansprechbarer Verfassung ist, dann haben Sie viel größere Erfolgschancen. Unterbrechen Sie ihn allerdings gerade bei seinem Lieblingsfernsehprogramm, dann können Sie von ihm nicht erwarten, daß er beglückt sein wird, Ihnen zuzuhören.

Ich habe auch herausgefunden, daß sich ein Ehekonflikt leichter lösen läßt, wenn mein Mann ein gutes Mahl eingenommen hat. Die beste Zeit für mich ist kurz nach dem Abendessen, wenn sein Hunger gestillt ist und die Kinder im Bett liegen. Aber warten Sie nicht bis nach zehn Uhr. Spät abends scheinen Probleme schwerwiegender und das Leben trüber zu sein. Der Unterschied zwischen Verzweiflung und Hoffnung ist oft ein guter Schlaf.

Verbessern Sie die Atmosphäre, indem Sie ihn wissen lassen, was er Ihnen bedeutet. Sagen Sie ihm, Sie hätten das Problem von seinem Standpunkt aus zu sehen versucht und verstünden seine Gefühle. Sie wünschten aber auch von ihm, Ihre Gefühle zu begreifen, was immer er damit zu tun gedenke.

3. *Sagen Sie ihm behutsam, was Sie bewegt.* Die Bibel rät uns, die Wahrheit in Liebe zu sagen (Epheser 4,15). Sprechen Sie offen aus, was Sie quält, doch bewahren Sie Ihre Selbstbeherrschung.

Kleiden Sie Ihre Gefühle in Worte, damit er weiß, was in Ihnen vorgeht. Trachten Sie vor allem nach Verständnis für Ihre Empfindungen und nicht nach Änderungen. Wenn er Ihre Gefühle versteht, wird er wahrscheinlich selber ändern wollen, was Ihnen Mühe bereitet.

Konzentrieren Sie sich auf Ihre Empfindungen, nicht auf seine Fehler. Anstatt ihn zu verurteilen und zu sagen: „Du wirst nie...", machen Sie Ihre Gefühle verständlich, indem Sie sagen: „Ich empfinde es auf diese Weise..." Wenn Sie ihm Vorwürfe machen, wird er nur sein Tun zu rechtfertigen versuchen, auch wenn er weiß, daß er sich im Unrecht befindet; das ist nun einmal im Leben so. Wenn Sie laut werden und sich aufregen, tut er es auch. Wenn Sie sich wiederholen, nachdem Sie ihm Ihren Standpunkt erklärt haben, dann ist das nichts als Nörgelei. Sagen Sie ihm also in Liebe, was Sie ihm sagen wollten, und dann danken Sie ihm, daß er Ihnen zugehört hat. Lassen Sie ihm Zeit, darüber nachzudenken.

4. *Vergeben und vergessen Sie.* Wie immer er auch reagiert — liquidieren Sie Ihren Ärger, indem Sie schließlich Ihrem Mann verzeihen und den Vorfall vergessen. Vergebung ist für eine gute Ehe von wesentlicher Bedeutung. G. K. Chesterton sagte: „Vergeben heißt, das Unverzeihliche zu verzeihen, sonst ist es gar keine Tugend." Und für den Fall, daß Sie meinen, Ihr Mann dürfe lediglich einmal einen Fehler machen, denken Sie daran, daß Jesus uns heißt, siebzigmal siebenmal zu vergeben (Matthäus 18,22). Das sind 490mal, liebe Mitschwestern!

Manche Frauen haben ein fürchterliches Gedächtnis — sie vergessen nicht das Geringste! Vergeben heißt vergessen. Es bedeutet, eine neue Seite aufzuschlagen. Eine Frau, die nicht vergibt, wird bald einmal unter Müdigkeit und Depressionen leiden. Groll zehrt viel emotionelle Energie auf. Der Herr lehrt uns beten: „Vergib uns unsere Sünden, wie auch wir vergeben allen, die uns schuldig sind ..." (Lukas 11,4). Man hatte ihn ungerecht behandelt und mißverstanden, und doch betete er am Kreuz: „Vater, vergib ihnen ..." (Lukas 23,34). Welch Beispiel der Vergebung! Die Tat einer wahren Liebe!

5. *Sich in Liebe vertragen.* Statistiken zeigen, daß es in den Morgenstunden zu mehr Autounfällen kommt als zu irgendeiner anderen Tageszeit. Als Grund dafür wird angenommen, daß die Männer oft gereizt und verärgert von zu Hause weggehen und ihre Frustrationen mit ans Steuerrad nehmen.

Bei einem *Total Woman*-Tee bestätigte Sue Borman, die Frau von Astronaut Frank Borman, diese Annahme. Eine ungewöhnlich hohe Zahl von Flugunfällen ereignete sich unter den jungen Piloten während dem morgendlichen Flugtraining von Frank. Man stellte eine Untersuchung an und fand heraus, daß in den meisten Fällen eine Beziehung zwischen den Unfällen und den ehelichen Schwierigkeiten der Piloten bestand. Die häuslichen Probleme verminderten ihre Funktionstüchtigkeit. Sie wurden einfach nicht fertig mit ihren inneren Spannungen und Aufregungen und nahmen sie mit hinein in ihre Maschinen.

Vergessen Sie nicht, daß Ihre Haltung die häusliche Atmosphäre beeinflußt – aber auch die Haltung Ihres Mannes für den ganzen Tag! Mit Ihrer Liebe und Ausgeglichenheit können Sie ihn vor seinen eigenen Emotionen bewahren. Statt sich zu ärgern, versuchen Sie ihn zu verstehen. Dadurch besitzen Sie die Möglichkeit, ihn zu beschützen!

Wenn er oft erledigt nach Hause kommt, tun Sie ihm einen guten Dienst, wenn Sie Ihr gesellschaftliches Programm auf das Maß seiner Möglichkeiten reduzieren.

Eine Frau, die ihren Mann wirklich liebt, erzählte, wie sie erkannte, unter welchem Streß er stand, und wie sie kurzerhand einige Einladungen vom Weihnachtsferienprogramm strich. Sie sagte, daß sie noch nie so schöne Weihnachten miteinander verbracht hatten wie dieses Mal.

12 Der Weg zum Segen

Jean und Tom hatten schon seit Monaten nicht mehr zusammen gesprochen. Sie dachten an Scheidung, zögerten jedoch wegen Jimmy und Jody, ihren fünfjährigen Zwillingen. Eines Morgens telefonierte Jean einer Freundin, um ihr zu sagen: „Ich habe es mir wegen Tom — meinem schweigenden Ehepartner — überlegt. Ich werde mich nicht scheiden lassen; ich werde ihn einfach zu Hause ignorieren. Statt dessen werde ich mich ganz den Kindern widmen, damit wenigstens aus ihnen etwas Rechtes wird."

Aber die Frage ist, ob ihre Erwartung sich auch erfüllt. Wird aus Jimmy tatsächlich etwas Rechtes werden? Natürlicherweise identifizierte sich Jimmy als kleiner Junge mit seinem Vater. Obwohl er von beiden Elternteilen etwas mitbekommen hatte, waren seine maskulinen Eigenschaften durch den väterlichen Einfluß stärker ausgeprägt.

In letzter Zeit war Tom aus beruflichen Gründen — er mußte längere Reisen unternehmen — weniger zu Hause, und an Wochenenden spielte er mit Geschäftsfreunden Golf. Jean betrachtete die Kinder nunmehr als ihren ausschließlichen Besitz und umgab sie mit übertriebener Fürsorge. Jimmy fing an, sich jetzt mehr mit seiner Mutter zu identifizieren. Sie war es ja, die auf seine Bedürfnisse einging. Jeans Entschluß, Tom auf der Seite liegen zu lassen und die Kinder nach ihrer Vorstellung zu erziehen, brachte die ganze Familienordnung aus dem Gleichgewicht. Die Führerrolle in der Familie war verkehrt worden.

Es ging nicht lange, bis sich zwischen Jimmy und seinem Vater Schwierigkeiten ergaben, die das gegenseitige Verhältnis erschwerten. Unbewußt begann Jimmy den Respekt vor seinem Vater und auch vor seinem eigenen Geschlecht zu verlieren. Er bekam Minderwertigkeitsgefühle.

Es wäre nicht unwahrscheinlich, wenn Jimmy mit ungenügend entwickelten männlichen Eigenschaften heranwachsen würde. Vielleicht wird er nicht einmal richtig wissen, worin diese bestehen. Er hat kaum Gelegenheit, seinen Vater zu sehen, und wenn er sie hat, kommt es dennoch zu keinem persönlichen Gespräch. Die starke Ausrichtung auf seine Mutter läßt es zu einer unbewußten, intensiveren Ausprägung gewisser femininer Züge kommen, obwohl er äußerlich recht männlich erscheinen mag. Seine starke Mutterbindung kann unter Umständen die Tür zur Homosexualität öffnen.

Für einen jungen Mann, der unter der dominierenden Hand der Mutter aufwächst, sind die Chancen für eine normale Ehe geringer. Wenn er jemand heiratet, wird es gewöhnlich ein Mädchen sein, das ihn beherrscht, wie es seine Mutter getan hat. Das Resultat dieses Verhaltensmusters ist eine matriarchalische Gesellschaft von dominierenden Müttern und passiven Vätern.

Auch kleine Mädchen leiden unter dieser Art von Familienverhältnissen. Wenn Papa nie da ist, um sein kleines Töchterlein zu hätscheln, dann betrachte man nur seine Zeichnungen und höre sich seine Geschichten an — es fühlt sich persönlich betroffen. Es glaubt, daß Papa sich nichts aus ihm mache. Die sich im Mädchen entwickelnde Ablehnung dem Vater gegenüber muß nicht unbedingt offen zutage treten, doch wenn das Kind erwachsen wird, überträgt es sein Ressentiment gegen den Vater auf alle Männer, einschließlich auf den Ehemann.

Bei Diskussionen über diese Probleme in den Kursklassen ist es interessant zu sehen, wie die Frauen den Grund ihres Verhaltens immer besser verstehen. Die meisten entschließen sich dann, ihrem Mann wieder die Führungsrolle in der Familie zu überlassen. Das ermöglicht es dem Kind, Papa in der männlichen und Mama in der weiblichen Rolle zu sehen. Wenn die Familienordnung wiederhergestellt ist, gewinnt das Kind nicht nur den Respekt vor seinen Eltern zurück, sondern ist auch imstande, sich selber zu akzeptieren.

Da es entscheidend von der Mutter abhängt, ob ihre Kinder eine Last oder ein Segen für die Familie und für die menschliche Gesellschaft sind, braucht jedes Kind eine totale Frau zur Mutter. Ich selber ziehe den Segen vor und habe deshalb den Weg zu diesem Segen eingeschlagen.

Bedauern oder akzeptieren?

In den ersten sechs Ehejahren bekamen Sue und Larry drei muntere Mädchen. Die Last seiner Verantwortung für den Lebensunterhalt der Familie drückte schwer auf Larry. Wenn er zu Hause war, gab er sich am liebsten mit Jackie, der Jüngsten, ab. So sehr wandte Larry ihr seine Aufmerksamkeit zu, daß sogar Sue eifersüchtig auf sie wurde. Terry, das zweitälteste der Mädchen, war eindeutig der Wildfang des Familienclans, aber das wurmte Larry. Er hätte nämlich gerne einen Jungen gehabt, mit dem er Ball spielen und zu sportlichen Anlässen gehen konnte. Er hatte sich vorgenommen, seinen Jungen Terry zu nennen und war so darauf festgelegt, daß er dann das Mädchen Terry nannte. Unbewußt gab er ihr die Schuld für ihr Geschlecht. Bonnie, die Älteste, war die Stütze der Mutter. Die meiste Zeit über hielt sie sich in der Küche auf und unterhielt sich nur selten mit dem Vater.

Die Krise kam, als das Mädchen Nummer vier auf die Welt kam — als Fräulein Unerwünscht. Im Grunde genommen wurde ein jedes der Mädchen — ohne ihre geringste Schuld — in einem gewissen Sinne von den Eltern nicht akzeptiert.

Ihr Kind zu akzeptieren ist ebenso wichtig wie das Akzeptieren von sich selber und vom Ehemann. Natürlich lieben Sie Ihr Kind, aber hegen Sie nicht doch — ähnlich wie Sue und Larry — einen Groll darüber, wer und was das Kind ist, daß es überhaupt da ist und Ihre Bewegungsfreiheit einschränkt? Sind Sie eifersüchtig, weil Ihr Mann sich mit Ihrer Tochter mehr abgibt als mit Ihnen? Oder geht Ihnen eines der Kinder ständig auf die Nerven, indem es Sie irritiert und die verkehrten Dinge zur verkehrten Zeit tut? Versuchen Sie, es nach Ihren Vorstellungen umzuformen?

Als seine Eltern ihm beständig Vorhaltungen wegen seines unordentlichen Aussehens und seiner schlechten Schulzeugnisse machten, war das für einen Teenager in Atlanta Grund genug, einfach aufzugeben und von daheim wegzulaufen. Er meinte, daß er es seiner Familie doch nie rechtmachen könnte und sie glücklicher ohne ihn sein würde. Das ist nur ein Beispiel von vielen und rührt lediglich davon her, daß die Ausreißer daheim nie akzeptiert wurden.

Einer der ärgsten Fehler, den Eltern machen können, ist, ein Kind mit dem andern zu vergleichen. Es wird das andere Kind, mit dem es verglichen wird, hassen und den Eltern dafür die Schuld geben. Bei der ersten besten Gelegenheit wird es eventuell davonlaufen. Wenn es sich nicht angenommen fühlt, wächst es mit Unsicherheits- und Minderwertigkeitsgefühlen auf.

Mr. Johnson ermunterte seinen Sohn, Fußball zu spielen, aber der Junge wollte lieber Geige spielen. In seiner Schulzeit war es dem Vater nie gelungen, in die Fußballmannschaft seiner Schule aufgenommen zu werden, und jetzt sollte sein Sohn diesen Mangel wettmachen. Andauernd stellte er Vergleiche zwischen seinem Sohn und den andern Gleichaltrigen an, bis der gedemütigte Junge sich sagte: „Ich passe nicht hierher. Ich haue ab! Irgendwo wird mich schon jemand so nehmen, wie ich bin."

Manchmal zwingen wir unsere Kinder, etwas zu tun, weil uns das gesellschaftliche Prestige oder die Meinung anderer Leute so wichtig ist. Vergessen wir doch nicht: Verfügen kann man über Dinge, Menschen aber muß man lieben! Aber wie leicht verkehrt man das ins Gegenteil. Ihre Kinder sind nicht dazu da, daß Sie über sie verfügen.

Grundregel eins: *Nehmen Sie Ihr Kind so, wie es ist.*

Ich habe dich lieb

Liebe ist das wichtigste Geschenk, das Eltern ihren Kindern machen können. Die Liebe Ihres Kindes können Sie nicht mit irgendwelchen anderen Geschenken erkaufen; Ihr Kind will Sie selber! Es möchte von Ihnen die Worte hören: „Ich habe dich lieb." Es ist darauf angewiesen, von Ihnen sichtbar und spürbar geliebt zu werden.

Als Ihr Kind noch ein Baby war, wissen Sie noch,

wie gerne es in Ihren Armen lag? Es mag auch später die zärtliche Berührung nicht missen. Stillen Sie dieses Bedürfnis, sagen Sie ihm, daß Sie es liebhaben. Schenken Sie ihm jeden Tag Ihre mütterliche Zärtlichkeit. Vielleicht sollte Ihre ganze Familie sich untereinander liebevoller zeigen. Es kann sein, daß Sie zuerst Hemmungen überwinden müssen, aber jemand muß ja den Anfang machen. Nehmen Sie Ihr Kind auf den Schoß, wenn Sie fernsehen — natürlich nur, wenn es Ihnen noch nicht über den Kopf gewachsen ist! Halten Sie es bei der Hand, wenn Sie können. Kraulen Sie ihm im Vorbeigehen im Haarschopf oder geben Sie ihm einen freundschaftlichen Klaps. Reiben Sie ihm den Rücken, wenn Sie es ins Bett stecken. Und vergessen Sie ja nicht den Gutenachtkuß!

Eine junge Frau, die im Leben vollständig versagt hat, erzählte mir, daß ihre Eltern sie nie gemocht hatten. Ihr fehlte die emotionelle Sicherheit und Ausgeglichenheit, weil ihre Eltern ihr keine Liebe erwiesen. „Sie haben mir nie gesagt, daß sie mich liebhaben", sagte sie weinend, „ich weiß, daß niemand etwas von mir wissen will."

Wenn Sie und Ihr Mann dem Kind echte Liebe erweisen und ihm sagen: „Ich habe dich lieb", dann wird es eines Tages, wenn es in Not ist, zu Ihnen kommen, statt sich dem Sex, der Kriminalität oder den Drogen zuzuwenden. Es soll wissen, daß Sie es zu jeder Zeit – was immer es auch anstellen mag – bedingungslos lieben werden.

Ein Teenager vertraute mir kürzlich an: „Ich habe monatelang gehascht, aber dann rührte ich das Zeug einige Wochen lang nicht mehr an. Meine Eltern kamen dennoch dahinter und explodierten. Sie konnten es weder vergessen noch mir vergeben. Schließlich hielt ich es nicht mehr aus. Ich fühlte mich einsam und hatte niemand, an den ich mich wenden konnte. Aber

mir das Leben zu nehmen, brachte ich doch nicht fertig."
Hier war ein junger Mensch, der die vorbehaltlose Liebe seiner Eltern gerade dann gebraucht hätte, als er das Falsche tat.

Grundregel zwei: *Beweisen Sie Ihre Liebe jeden Tag mit Wort und Tat.*

Spaß und Spiele

Die dreijährige Susanne blieb in der Küche, während ihre Mutter das Frühstücksgeschirr abwusch. Immer wieder zupfte sie am Rock der Mutter und bettelte, doch mit ihr zu spielen. Carolyn, die Mutter, war der Auffassung, daß das Zusammensein mit ihrem Kind im gleichen Raum doch so gut wie Spielen sei. Aber an diesem Morgen spürte sie, daß das Zupfen am Rockzipfel soviel wie „Mutti, hab' mich lieb" heißen sollte. Carolyn legte das Geschirrtuch auf die Seite, nahm den Telefonhörer vom Haken und setzte sich auf den Fußboden. Susanne schaute sie mit weitgeöffneten, strahlenden Augen an und rief aus: „Mammi, *spielen* wir?" Sie kannte den Unterschied.

Machen wir uns nichts vor. Das Leben ist bisweilen hart und voller Enttäuschungen. Auch für Ihr Kind bedeutet es nicht nur Spaß und Spiel. Es lebt in einer verlogenen, unmoralischen Welt, die wie nie zuvor bis an die eigene Hausschwelle reicht. Es braucht für die ersten zwei Jahrzehnte seines Lebens eine Orientierungskarte, damit es beim späteren Verlassen des Nestes zuversichtlich davonfliegen kann. Ihr Kind erwartet, diese Orientierungskarte von Ihnen zu bekommen. Es beobachtet Sie — Ihre Lebensweise, Ihre Grundsätze, Ihr Auftreten — um zu sehen, ob es das alles auch für sich übernehmen kann. Indem Sie mit Ihrem Kinde spielen und es ermutigen, sich den Familiengewohnheiten anzuschließen, stärken Sie sein Vertrauen. Es wird Ihrem Beispiel folgen, wenn Sie ihm in den Jahren seiner Kindheit nahe genug gewesen sind, mit ihm gespielt und gescherzt haben.

Es braucht nicht unbedingt Geld, um sich im Leben Freude zu machen, nur etwas Phantasie und den Willen dazu. Versuchen Sie doch zum Beispiel, einmal in der Woche eine besondere Mahlzeit zu bereiten. Machen Sie das Essen zu einem Ereignis, nicht nur zum Nachschubhalt. Feiern Sie. Stecken Sie eine Kerze in den Kuchen oder meinetwegen in den Braten. Wichtig ist, auch den unscheinbaren, kleinen Dingen einen Gehalt zu verleihen. Wir Frauen haben dafür ein besonderes Gespür. Wir können damit auch unsere Familie inspirieren. Feiern Sie, wenn die Katze Junge bekommen hat. Feiern Sie, wenn der Jüngste einen Wettbewerb gewonnen hat. Feiern Sie, wenn Papa früher nach Hause kommt. Seien Sie nie zu müde, um schöpferisch zu sein!

Letzten Dezember war unsere ganze Familie einkaufen gegangen, und nachher wollte jeder in einem andern Zimmer seine Weihnachtsgeschenke einpacken. Ich war alleine in der Küche und forderte sie auf, doch all ihre Geschenke in die Küche zu bringen und sie hier einzupacken. War das ein Vergnügen mit dem Geschenkeinpacken in der Küche, während ich das Geschirr abwusch! Ich fühlte mich nicht in die Küche verbannt, weil ja meine Familie bei mir war. Wir hatten einen mächtigen Spaß, ulkten miteinander und jagten uns um den Tisch herum. Als ich am Abend Laura zu Bett brachte, umarmte sie mich und sagte: „Mammi, am liebsten möchte ich dich nicht mehr loslassen!" Und dabei ist sie von meinen Kindern die Zurückhaltendste!

Ich fragte mich oft, ob eine Mutter wirklich weiß, wieviel sie ihren Kindern bedeutet. Sind Sie die beste Freundin Ihrer Kinder? Gewiß, sie haben ihre eigenen

Kameraden, aber diese vermögen nicht Ihren Platz einzunehmen. Die Kinder brauchen Ihre Freundschaft in einer fröhlichen häuslichen Umwelt. Sie brauchen Ihre persönliche, ungeteilte Hinwendung zu ihnen, die auch nicht durch jene Aufmerksamkeit ersetzt werden kann, die ihnen im Kindergarten oder in der Schule zuteil wird.

Ihr Kind braucht auch seinen Vater. Ermutigen Sie – ohne zu nörgeln – Ihren Mann, doch mit den Kindern zu spielen. Der Durchschnittsvater in Amerika verbringt pro Woche nur ein paar Minuten damit, für seinen Sohn etwas zu machen, worum dieser ihn bat. Muß man sich da verwundern, wenn die Kinder fünf oder zehn Jahre später nicht mehr auf ihre Väter hören?

Aloise Steiner Buckley, die Mutter des Kolumnisten William F. Buckley und von Senator James Buckley, erinnerte sich der frühen Jahre dieser Familie, die später auf dem Gebiet der Politik, der Literatur und des Geschäftslebens so prominent wurde:

„Als die Kinder klein waren, war alles wunderbar", erinnerte sie sich. „Es gab nie einen langweiligen Augenblick. Wir machten alles gemeinsam. Wir spielten Gesellschaftsspiele am laufenden Band. Jahrelang wollte mein Mann kein Radio im Hause haben. Zusammen mit dem Einfluß meines Vaters ist das auch der Grund, warum alle meine Kinder so belesen sind. Ich erinnere mich noch, wie mein Vater, als ich klein war, ein großes Wörterbuch offen auf einem Ständer liegen hatte und darauf bestand, daß wir jedes Wort nachschlugen, das wir nicht verstanden."

Während der Kubakrise im Jahre 1961 befand sich Präsident Kennedy eines Abends in der Wohnsuite des Weißen Hauses, als Dave Powers, der Sekretär des Präsidenten, ihm eine Botschaft überbringen wollte. Als er den schwach erhellten Raum betrat, hörte er den Präsidenten leise sprechen und nahm an, daß er sich mit einem Regierungsmitglied unterhielt. Als Dave um die Ecke spähte, war er überrascht, den Präsidenten mit seiner Tochter Caroline auf dem Schoß zu sehen, wie er ihr eine Geschichte vorlas. Sogar inmitten einer Weltkrise nahm sich dieser Mann Zeit für seine Kinder. Können wir uns da etwa weniger leisten?

Grundregel drei: *Spielen Sie mit Ihrem Kinde!*

Lob gibt Mut

Eine Mutter von vier Kindern ermunterte ihren Jüngsten zu singen, obwohl er von allen in der Familie die schlechteste Stimme besaß. Je mehr er sang, desto mehr lobte sie ihn. Allmählich entwickelte der Junge Vertrauen in sich selbst, und heute singt er in seiner Klasse die Soloparts.

Wir neigen manchmal zum Kritisieren, um ein Kind zum Lernen und Gehorchen zu bringen. Doch ständige Kritik macht ein Kind unsicher und ängstlich. Es denkt: „Mama liebt mich nicht. Was nützt es also? Wenn ich ihr doch nichts recht machen kann, dann kann ich es ebensogut sein lassen." Das ist die Einstellung vieler Teenager heute, die sich so billig an ihre Zeit verkauft haben.

Ihr Kind hat — wie Sie ja auch — eine Vorstellung von sich selber. Es leitet seine Selbsteinschätzung aus Ihren Worten, Ihren Handlungen und Ihrer Haltung ihm gegenüber ab. Es gleicht immer mehr dem Bilde, das es von sich selber gemacht hat. Wenn Sie ihm immer wieder sagen: „Du bist dumm", dann wird es auch in dem Glauben aufwachsen, es sei dumm. Wenn Sie ständig fragen: „Was ist denn los mit dir?" dann wird es sich selber wundern, was mit ihm los sei. Doch wenn Sie es ermutigen, dann wird es sich noch mehr Mühe geben.

Anstatt Ihr Kind für das zu tadeln, was es nicht gemacht hat, sollten Sie es für das loben, was es gemacht hat. Sollten Sie sich das Kritisieren angewöhnt haben, so ist vielleicht etwas Übung nötig, aber die Mühe lohnt sich.

Kinder brauchen Applaus, bildlich und buchstäblich. Michelle ißt grüne Bohnen nicht gerne, also applaudieren wir ihr jedesmal, wenn sie doch welche ißt. Ich glaube, sie achtet jetzt nicht einmal auf den Geschmack, während sie hinuntergehen — sie schwelgt einfach im Applaus!

Dr. Clyde Narramore erzählt die Geschichte von Mrs. Goodman, einer Lehrerin, die sich vorgenommen hatte, jeden Tag jedem ihrer dreißig Schüler ein Kompliment zu machen. Sie sagte: „Ich glaube, es ist unmoralisch, den ganzen Tag Kinder um sich zu haben und ihnen nicht das geringste Lob zu erteilen." Jeden Tag machte sie ein Kreuz hinter dem Namen eines Kindes, wenn sie es gelobt hatte. Klein-Johnny benahm sich eines Tages so fürchterlich, daß er wirklich kein Lob verdient hatte. Der Unterricht ging dem Ende zu, und die Lehrerin wollte nicht ihrem Ruf untreu werden. So sagte sie schließlich zu ihm: „Du bist heute aber lebhaft gewesen!" Und Johnny quittierte das mit einem Grinsen!

Jeder ist für Ermutigung zugänglich. Die meisten erfolgreichen Persönlichkeiten wissen von ein paar Menschen, die sie im rechten Moment ermutigt hatten, das scheinbar Unmögliche zu vollbringen. Abraham Lincoln sagte: „Alles, was ich geleistet habe, verdanke ich dem Engel Mutter." Er war sich bewußt, daß es der Glaube seiner Mutter an ihn war, der ihn ermutigt hatte, zu Erfolgen zu gelangen.

Es ist beinahe unmöglich, ein Kind zu sehr zu lieben oder zu loben. Pflegen Sie doch Ihr kleines grünes Pflänzlein reichlich mit Liebe und Lob. Sonst verdorrt es innerlich vielleicht. Vermitteln Sie ihm das Gefühl von Zuversicht und Geborgenheit. Es kann sein, daß Sie dieses Empfinden als Kind nicht besaßen, aber Sie und ich können es unsern Kindern vermitteln, indem wir sie fördern, statt sie zu entmutigen.

Grundregel vier: *Machen Sie Ihrem Kinde Mut!*

Im Alter von neun Jahren wurde Ann in ein Ferienlager für Mädchen in Nordkarolina geschickt. Tag für Tag schauten ihre Eltern in den Briefkasten. Endlich, nach einer Woche, kam ein Brief. Er lautete:

Liebe Mama, lieber Papa!

Mein Betreuer sagte, ich soll wenigstens zweimal nach Hause schreiben. Dies ist einmal.

Herzlich, Ann

Kommunikation? Wenigstens der Betreuer dachte so. Das eigentliche Ziel der Kommunikation ist nicht Übereinkunft zwischen beiden Teilen, sondern Verstehen. Verstehen bedeutet, die Dinge vom Standpunkt des andern zu sehen und zu wissen, weshalb der andere so fühlt und handelt. Um Ihr Kind zu verstehen, liegt die Aufgabe in erster Linie bei Ihnen, die Kommunikationslücke zu überbrücken. Oft ist dazu mehr Hören als Reden nötig. Gerade wenn Sie bereit sind zuzuhören, bekommt Ihr Kind den Eindruck, daß Sie es lieben. Wenn ich meinen Kindern zuhöre, habe ich die folgenden Ratschläge als eine Hilfe empfunden:

1. *Seien Sie verfügbar.* Wenn unsere Laura das Bedürfnis hat zu reden, dann will sie, daß ich ihr zuhöre. Bin ich aber nicht abkömmlich oder zu beschäftigt, dann ist sie vielleicht nicht mehr da, wenn ich endlich verfügbar bin. Eines Tages brachte Laura nach der Schule eine Freundin mit heim. Als ich das Mädchen fragte, ob ihre Mutter wüßte, daß sie bei uns ist, erzählte sie mir: „Es ist schon in Ordnung; sie kümmert sich nicht darum. Ich gehe nach der Schule meistens nicht heim, es ist sowieso

niemand zu Hause." Ihre Eltern gaben ihr alles, was ein Kind sich in materieller Hinsicht nur wünschen kann, aber wahrscheinlich nur als Ersatz für sich selbst. Wenn das so weitergeht, dachte ich für mich, dann wird sie eines Tages zu Drogen und Sex Zuflucht nehmen, um die Aufmerksamkeit ihrer Eltern auf sich zu lenken. Welch ein Preis!

2. *Seien Sie eine angenehme Unterhalterin.* Jeden Abend beim Essen pflegen wir in unserer Familie eine besondere Gewohnheit. Jedes einzelne Familienglied wird ermutigt, in positiver Weise auf die Tagesereignisse zurückzuschauen und zu erzählen, was es als Höhepunkt des Tages erlebt hat. Diese Familienkommunikation ist eine ausgezeichnete Drogenverhütungsmethode. Die Kinder fühlen sich akzeptiert und geliebt und empfangen ihre Anregung durch die fröhliche Familienatmosphäre statt durch irgendwelche künstlichen Mittel.

Charlie und ich erzählen unseren Mädchen auch aus unserm Leben – die schönen und die weniger schönen Dinge. Wir verschweigen auch nicht unsere Fehler und Fehlschläge, und das alles trägt zu einer ehrlichen Kommunikation bei. Eines Abends beschrieb ich Laura, wie meine Mutter mich einmal mit der Rute durch die ganze Nachbarschaft gejagt hatte. Laura versetzte sich so sehr an meine Stelle, daß sie die Geschichte immer wieder hören wollte! Jetzt ist Laura alt genug, um sich an ihre „Kindheit" zu erinnern, und es bereitet ihr großen Spaß, der jüngeren Schwester Michelle alle ihre eigenen lustigen Erlebnisse zu erzählen.

3. *Seien Sie anpassungsfähig und versetzen Sie sich an die Stelle Ihres Kindes.* Kürzlich hörte ich im Hause eines Nachbarn, wie der Vater seinen Sohn unterbrach und alle Kommunikation zunichte machte, indem er sagte: „In diesem Haus hast du zu denken, wie ich will.

Das ist mein Ernst, und wir reden nicht mehr weiter darüber!" Anstatt dem Kind vorzuschreiben, wie Sie zu denken, bleiben Sie vielmehr im Gespräch mit ihm, und dann wissen Sie auch, was das Kind denkt. Wenn Sie einen guten Kontakt mit ihm haben, dann wird es Ihnen weder jetzt noch später wehtun wollen. Aber wenn Sie schimpfen und schreien und ungerecht werden, wird es den Respekt vor Ihnen verlieren. Hat Ihr Kind von Ihnen den Eindruck von Engstirnigkeit, dann wird es sich nicht frei fühlen, seine Meinung auszudrücken, besonders über Dinge wie Sex und Drogen — zwei Gebiete, auf denen es stärkstem Druck ausgesetzt ist.

Wenn sich Ihr Kind bei Ihnen ausspricht, dann laufen Sie ja nicht zu Ihrer Freundin, um bei ihr alles auszuplaudern; denn wenn Ihr Kind das herausbekommt, ist's vorbei mit seiner Offenheit. Wenn Sie es wirklich liebhaben, dann werden Sie auch Ihre Beziehung hoch genug einschätzen, um sich sein Vertrauen zu erhalten.

4. *Zeigen Sie Verständnis.* Eines Tages, als ich Laura von der Schule abholte, brach es aus ihr heraus: „Ich hasse Susie einfach!" Ich bemühte mich, gelassen zu bleiben und fragte sie nach dem Grund dafür. Sie antwortete: „Ich hasse sie einfach. Sie wollte mich heute in der Schule nicht spielen lassen." Ich wollte anfangen, ihr zu erklären: „Du solltest aber niemand hassen", doch dann behielt ich die Lektion für mich und fragte sie statt dessen: „Du hassest Susie, weil sie dich nicht spielen lassen wollte?" „Genau das", entgegnete sie, und plötzlich hellte sich ihr Gesichtsausdruck auf, und im Nu war sie wieder glücklich. Sobald sie ihrem Gefühl Ausdruck gegeben und erklärt hatte, was sie plagte, wechselte sie das Thema. Ihr Groll war weg.

Als Antwort auf Lauras Ärger hatte ich beim Einsteigen ins Auto lediglich ihre eigenen Worte geringfügig umgeformt und gefragt: „Du hassest Susie, weil sie dich nicht spielen lassen wollte?" Psychologen nennen dieses Vorgehen reflektive Beratung. Man kann mit ihrer Hilfe das in einer Person drinsteckende seelische Gift herausziehen.

Eine am *Total Woman*-Kurs teilnehmende Mutter wollte es auch damit probieren, wußte aber nicht recht, wie sie es anstellen sollte. Ihre Tochter war dabei, für einen Klaviervortrag zu üben und jammerte ständig: „Ich kann dieses Stück einfach nicht spielen." Anstatt zu sagen: „Du wirst es bestimmt prima machen", fragte die Mutter sie: „Meinst du, daß du beim Vortrag nicht so gut abschneiden wirst, Liebes?" Das Mädchen antwortete weinend: „Oh, Mama, du verstehst einen wirklich! Wenn ich einmal erwachsen bin, möchte ich wie du sein. Wir haben die beste Familie!" Einen solchen Gefühlsausbruch hatte die Mutter nicht erwartet, und ausgelöst hatte ihn nur eine kleine Bemerkung, die jedoch ihr Verständnis für ihr Kind offenbarte. Übrigens machte es dann beim Vortrag nicht einen einzigen Fehler!

Reflektive Beratung braucht etwas Übung, aber es ist wirklich ein gutes Mittel in der Kommunikation. Erfassen Sie, was das Kind gesagt hat, und dann wiederholen Sie seine Gedanken mit etwas anderen Worten. Dadurch öffnet sich eine kleine Tür zu seinem Unterbewußtsein. Das Gefühl, verstanden zu werden, erhöht seine Bereitschaft, es noch besser zu machen. Helfen Sie ihm in seinen jungen Jahren, sich von seinem Ärger und seinen Ängsten zu befreien, und es wird später im Leben nicht von unterdrückten Haßgefühlen und Depressionen geplagt werden.

Grundregel fünf: *Reden Sie mit Ihrem Kinde.*

Grenzdiskussionen

Neulich hatte ich ein Gespräch mit einer jungen Frau, die durch große seelische Nöte ging. Sie erinnerte sich, wie sie als Kind die Reaktion ihrer Eltern beobachtet hatte, wenn sie ungehorsam war. Wenn diese es unterließen, sie zu strafen, dachte sie, die Eltern fürchteten sich vor ihr. Eines Tages, als sie dreizehn war, bekam sie einen solchen Wutanfall, daß ihre Mutter nachgab und sagte: „Also gut, es ist mir egal, was du tust!" Das war der Wendepunkt in ihrem Leben. Sie meinte, ihrer Mutter sei es wirklich egal, weil sie sie nicht bestraft hatte. In diesem Augenblick, als die Mutter klein beigab, dachte das Mädchen: „Du Närrin!" Von diesem Tage an war sie auf sich selber angewiesen. Auf ihrer Suche nach Liebe wechselte sie von einem Mann zum andern, und heute hat diese unglückliche Frau größte Mühe, Selbstbeherrschung aufzubringen.

In einem anderen Fall kam ein Teenager erst spät abends heim, doch die Mutter war zu müde und sagte nichts. Am nächsten Morgen läutete um halb acht Uhr das Telefon. Der Teenager sagte zur Mutter: „Bill ist am Apparat. Wir wollen heute einen Stadtbummel machen. Aber sage mir zuerst einmal, welche Strafe ich für mein spätes Heimkommen von gestern abend bekomme?" Das schlechte Gewissen plagte sie, und sie wäre die Last der Schuld gerne losgeworden. Sie wollte die Sache erledigt haben und bat tatsächlich um ihre Strafe.

Der wegen Mord verurteilte Charles Manson war immer nur verwöhnt worden und hatte stets seinen Willen durchsetzen können. Weil er nie Zucht kennengelernt hatte, wußte er auch nicht, was Selbstbeherrschung ist. Jahre später trugen die Folgen davon bittere Früchte. Untersuchungen bei gefährdeten Jugendlichen haben ergeben, daß ein ohne erzieherische Zurechtweisung aufwachsendes Kind als erwachsener Mensch oft zu einer vernünftigen Selbstbeherrschung unfähig ist. Er fühlt sich ungeliebt, frustriert und ausgestoßen.

Zucht gehört zur Kindererziehung. Manchmal verwechseln die Leute „Zucht" mit Schlägen, aber Zucht ist positive Erziehung – das, was Sie *für* Ihr Kind tun, und nicht einfach, was Sie *mit* ihm tun. Zucht besteht aus zwei grundlegenden Schritten: im Geist der Liebe Grenzen setzen, und im Geist der Liebe zurechtweisen, wenn diese Grenzen überschritten worden sind. Eltern, die sich davor scheuen, Grenzen zu ziehen, etwas zu verbieten und sich nicht die Mühe geben zu erziehen, schicken ihre Kinder ohne jegliche Kenntnis der Pfade in das Dickicht des Lebens.

1. *Setzen Sie im Geist der Liebe Schranken.* Dave, der vierzehnjährige Sohn von Bekannten, sagte zu seinen Eltern: „Aber, Vater, alle rauchen doch Haschisch!" Insgeheim fürchtete sich Dave davor und hätte seine Eltern gerne sagen gehört: „Es kommt nicht in Frage, daß du zu Drogen irgendwelcher Art greifst." Doch anstatt ihm ein klares Nein entgegenzusetzen, sagten sie: „Das mußt du selber wissen. Aber wenn du es tust, freuen wir uns bestimmt nicht darüber." Weil ihm die Rückendeckung eines festen elterlichen Standpunkts fehlte, erwies sich Dave als zu wenig stark zu widerstehen, und jetzt, zwei Jahre später, nimmt er regelmäßig Heroin.

Sie müssen bereit sein, Wegmarken für Ihr Kind zu setzen. Sie müssen ihm sagen, was Sie von ihm erwarten. Es wird ihm Sicherheit verleihen, wenn es weiß, was es tun darf und was nicht. Mehr als ein junger Delinquent hat gesagt: „Niemand nahm sich die Mühe, mir zu sagen, was ich tun soll."

Echte Liebe bewahrt ein Kind vor Schaden, indem sie es vom Spiel mit dem Feuer fernhält. Es ist die Liebe, die Schranken setzt – um der Liebe willen. Jemand sagte einmal, daß Gott uns anstelle der Zehn Gebote zehn Vorschläge gegeben haben würde, wenn er von den Eltern eine permissive Haltung erwartet hätte! Es liegt in der Natur des Kindes, herauszufinden, wie weit die Eltern es gehen lassen. Doch solange die Schranken ihre Gültigkeit behalten, wird es ein Gefühl von Sicherheit und Geborgenheit haben.

Treten Sie fest und positiv auf. Bieten Sie Ihrem Kind konstruktive Alternativen. Wenn Sie die Freunde Ihres Kindes verurteilen, wird es sich gezwungen sehen, sie zu verteidigen. Bieten Sie ihm die Möglichkeit neuer Freunde, neuer Beschäftigungen und neuer Interessen. Es ist immer leichter, einen Bonbon wegzunehmen, wenn man ein Stück Torte dafür anbietet.

Machen Sie sich keinen Kummer, falls Ihre Familie nicht mit allem einverstanden ist. Völlige Übereinstimmung zu erwarten, wäre sowieso nicht realistisch. Kinder haben ihre eigenen, manchmal recht gegenteiligen Vorstellungen. Als ein Vater seiner Tochter die Teilnahme an einer Party verweigerte, sagte er: „Ob du mit mir einverstanden bist oder nicht – ich werde dich immer liebhaben, denn ich bin schließlich dein Vater. Daran läßt sich nichts ändern. In Wirklichkeit ist meine Liebe zu dir der Grund, daß du nicht zu dieser Party gehst." Er verlangte von ihr nicht, ihre Ansicht zu ändern, sondern lediglich auf ihr Vorhaben zu verzichten. Die Tochter reagierte mit Unmut und Ärger auf ihren Vater. Er erklärte ihr sodann, daß er ihren Ärger verstünde, doch er müsse sich von *seinen* Überzeugungen bestimmen lassen. Jahre später erzählte die Tochter ihrem Vater, wie sie diesen Vorfall nicht vergessen hatte und im stillen dankbar gewesen war für seine feste Haltung.

Ihre Kinder werden vielleicht vor Ihnen nie zugeben, daß Sie recht gehabt haben, trotzdem müssen Sie das für sie tun, was Sie für richtig halten. Elternschaft ist kein Popularitätswettbewerb.

Wenn Ihr Kind aufwächst, übertragen Sie ihm so schnell wie möglich und nach dem Maß seiner Möglichkeiten Verantwortung. Doch vergessen Sie nicht, daß es immer noch ein Kind ist und eine Sache nicht so zu handhaben vermag wie Sie. Es braucht Jahre der Übung und der Aufsicht, um etwas zu lernen. Hier liegt eine große Aufgabe für Sie daheim. Helfen Sie ihm geduldig, bis es eine gewisse Verantwortung übernehmen kann, und dann vertrauen Sie ihm mehr an. Denken Sie daran, daß wir keine Maschinen sind — Ihr Kind auch nicht. Das Leben ist eine Reihe von Anpassungen. Seien Sie also flexibel genug und setzen Sie Änderungen, wo solche notwendig sind, nicht allzu hart durch.

2. *Weisen Sie Ihr Kind liebevoll zurecht.* Wenn Ihr Kind die von Ihnen gezogenen Grenzen überschritten hat, so liegt es in Ihrer Verantwortung, es in Liebe zurechtzuweisen.

Kinder neigen von Natur aus zu Ungehorsam. Das beginnt mit etwa fünfzehn Monaten und dauert die ganze Jugendzeit hindurch. Gehorsame Kinder werden nicht geboren, sondern erzogen. Die Bibel, das erste *How-to-do-it*-Buch, weist die Eltern an, ihre Kinder mit Liebe zu züchtigen. „Die Torheit steckt dem Knaben im Herzen; aber die Rute der Zucht vertreibt sie daraus" (Sprüche 22,15). „Züchtige deinen Sohn, denn es ist noch Hoffnung" (Sprüche 19,18). „Du darfst dem Knaben die Zucht nicht ersparen; schlägst du ihn mit der Rute, so verdirbt er nicht" (Sprüche 23,13). Ich glaube, Gott wußte, wieviel Überwindung uns das kosten kann. Und wenn Sie meinen, Sie liebten Ihr Kind zu sehr, um es zu schlagen, dann sagt die Bibel: „Wer die Rute spart, der haßt seinen Sohn; wer ihn liebhat, der züchtigt ihn beizeiten" (Sprüche 13,24).

Sollte Ihr Kind Ihre Autorität herausfordern, so will es prüfen, ob Sie wirklich meinen, was Sie sagen. Bevor Sie es führen können, müssen Sie sich zuerst das Recht dazu verdienen. Wenn Laura absichtlich ungehorsam ist, sage ich zu ihr: „Ich habe dich viel zu lieb, als daß ich das bei dir durchgehen lassen könnte." Den Hintern versohlen reinigt die Atmosphäre. Nachher nehme ich sie immer in die Arme, und die herzliche Beziehung ist wiederhergestellt. Wenn ich ihr versichere, daß ich sie ungeachtet ihres Benehmens liebhabe, dann erspare ich mir die Schuldgefühle und ihr die Bitterkeit.

Ich erinnere mich an eine Karikatur, die ich vor Jahren einmal sah. Darauf waren die Ruinen eines durch Feuer zerstörten Hauses zu sehen. Der Vater schaute verloren auf den Trümmerhaufen, während die Mutter zu ihrer kleinen Tochter sagte: „Mama und Papa sind nicht böse auf dich, Marilyn. Mama und Papa sind böse auf die Dummheit, die du gemacht hast."

Diese humoristische Zeichnung enthielt einen wahren Kern. Die Eltern liebten ihre Tochter, aber sie waren böse über ihr Tun. Diese Unterscheidung sollten Sie nie übersehen. Sie sollten Ihr Kind auch nicht schlagen, wenn Sie außer sich vor Zorn sind. Es wird sich sonst nur fürchten und kaum glauben können, daß Sie sein Bestes im Sinn haben.

Wenn Sie zum Mittel der Bestrafung greifen, sollten Sie als Ziel vor Augen haben, folgsame und selbstbeherrschte Kinder aufzuziehen. Die Bibel sagt: „Gewöhne den Knaben nach dem, was sein Weg erheischt, so geht er auch im Alter nicht davon ab" (Sprüche 22,6). Eine wunderbare Verheißung!

Lassen Sie den Mut nicht sinken, wenn Sie das Gefühl haben, es sei für Sie und Ihre Kinder zu spät. Es ist nicht zu spät! Eine andere meiner Lieblingsverheißungen in der Bibel lautet: „Ich will euch gutmachen die Jahre, die die Heuschrecke fraß..." (Joel 2,25). Während ich dieses Kapitel vorbereitete, wünschte ich, ich könnte mit meinen Kindern von vorn anfangen, und Ihnen geht es vielleicht auch so. Aber Gott kann diese Jahre wieder *gutmachen*.

Grundregel sechs: *Strafen Sie nie ohne Liebe.*

Nichts für sich behalten

Ein Reporter stellte der Mutter von J. F. Kennedy, Rose Kennedy, die Frage: „Wenn Sie nur eine einzige Sache Ihren Kindern hinterlassen könnten, was wäre diese eine dann?" Sie gab zur Antwort: „Es wäre auf jeden Fall nicht Geld, Gut oder irgendeine andere materielle Sache; ja, nicht einmal Erfolg, wenn ich ihn garantieren könnte. Glauben! Das ist das wichtigste und einzige Erbe, für das ich mich entscheiden würde. Wenn wir Glauben haben, sind wir glücklich, weil dann unser Leben, unsere Arbeit, unser Spiel unter Gott steht. Wissen Sie", fuhr sie nach kaum merklicher Pause fort, „wir brauchen ein Gefühl von Geführtwerden, einen Sinn für unser Leben. Glaube verleiht uns Zuversicht."

Jedes Kind besitzt einen natürlichen Hunger nach Gott. Klein-Billy schaute in den Schrank und unter das Bett und erklärte seiner Mutter, er suche nach Gott. Kinder jeden Alters suchen nach ihm. Und oft, wenn sie niemand sehen, der eine echte Beziehung zu Gott hat, fangen sie an, in die falsche Richtung zu schauen.

Behalten Sie den Glauben nicht für sich, sondern geben Sie ihn weiter. Ich mache Ihnen ein paar Vorschläge, wie Sie Ihrem Kind helfen können, Gott zu finden.

1. *Lesen Sie Ihren Kindern jeden Tag aus der Bibel vor.* In alttestamentlichen Tagen befahl Gott Israel, seine

Kinder zu lehren: „Du sollst den Herrn, deinen Gott, lieben von ganzem Herzen, von ganzer Seele und mit aller deiner Kraft ... und du sollst sie (diese Worte) deinen Kindern einschärfen ... in deinem Hause ... auf dem Wege ... wenn du dich niederlegst und wenn du aufstehst" (5. Mose 6,5 und 7).

Als wir vor einigen Jahren im Sommer durch die Berge von Nordkarolina fuhren, sagte Laura zu uns, sie habe so viel mit dem Puzzle auf dem Rücksitz zu tun, daß sie die Landschaft jetzt nicht anschauen könne. Vor lauter Puzzle konnte sie die prachtvollen Berge nicht sehen.

Als sie endlich aufschaute, erblickte sie eine Signaltafel „Achtung, Kurven!" Ich erzählte ihr, daß Gott auch Signaltafeln aufstellt, um uns zu zeigen, wie wir Unheil vermeiden können. Manchmal sagt er: „Halt! Gefahr!" und manchmal sagt er: „Vorfahrt lassen!" Er will nicht, daß wir Jahre verlieren wegen einem unglücklichen Umweg und hat uns deshalb die Bibel als Straßenkarte gegeben.

Die Bibel hat uns eine Menge zu sagen — über unser jetziges Leben wie auch über das, was in naher und ferner Zukunft geschehen wird. Ein jeder kann sich informieren und Zuversicht schöpfen, wenn er sich nur die Mühe machen würde, dieses göttliche Buch zu lesen. Besonders unsere Kinder werden von der Ungewißheit unserer Zeit betroffen und brauchen deshalb den unverrückbaren Halt der ewigen Wahrheit.

Ich gehe mit Vorliebe morgens, vor Sonnenaufgang, in die Wohnstube hinunter, um in der Bibel zu lesen. Die Stille des Alleinseins hilft mir, mich für alles, was der Tag bringen mag, vorzubereiten.

Eines Morgens nahm ich wieder die Bibel zur Hand, und meine Aufmerksamkeit wurde so sehr vom Lesen gefesselt, daß ich nicht bemerkte, wie meine kleine Tochter neben mich trat. Nach einer Weile sagte sie: „Mama, erzähle mir doch, was du da liest." Und während wir uns darüber unterhielten, fing Laura an, den Sinn zu verstehen. Es wurde ein ganz persönliches Gespräch daraus. Unterdessen waren auch die anderen der Familie aufgewacht und verlangten nach dem Frühstück. Als wir in die Küche gingen, umarmte Laura mich und flüsterte mir ins Ohr: „Mama, liebe, süße Mama, ich hab' dich lieb."

Solche zärtlichen Ausdrücke haben bei meinem kleinen Mädchen eher Seltenheitswert. Ich glaube, daß sie in diesen Momenten der Herzenskommunikation geistliche Nahrung empfangen hatte und ihre kleine Seele von Liebe überfloß. Nach meiner Erfahrung sind diese Morgenstunden oft die einzigen wirklichen stillen Augenblicke des Tages, in denen wir uns in dieses Buch der Liebe vertiefen können.

2. *Sorgen Sie für geistliche Nahrung.* Geben Sie Ihrem Kinde gute geistlich ausgerichtete Bücher, die ihm notwendige Informationen über Drogen, Sexualität und aktuelle Geschehnisse vermitteln. Bücher vermögen Ihrem Kinde das mitzuteilen, was Sie ihm vielleicht nicht so gut sagen können. Weil heute schmutzige und fragwürdige Literatur so leicht zugänglich ist, sollten Sie ihm behilflich sein, guten Lesestoff in die Hände zu bekommen.

Auch Musik mit ihrem großen Einfluß kann für Ihr Kind eine Hilfe sein, Gott zu lieben. Ein kleines Kind merkt sich leicht etwas und nimmt es für sein ganzes Leben in sich auf. Wenn Sie es Evangeliumslieder lehren, dann wird vielleicht eines dieser Lieder es wieder zu Gott zurückbringen, wenn es erwachsen ist. Schallplatten mit solchen Liedern sind ein Muß. Einige, die wir bei uns zu Hause haben, sind die Lieblingsplatten der ganzen Familie. Nehmen Sie sich auch die Zeit, den Kindern den Sinn einzelner Worte, besonders bei älteren Liedern, zu erklären.

Es gibt zahlreiche Teenager heute, die ihren Eltern gegenüber verbittert sind. Als Grund dafür geben viele die Heuchelei und Unbeständigkeit ihrer Eltern an, die selber nicht danach leben, was sie glauben. Eltern müssen mit ihrem eigenen Leben ein Vorbild sein, und das heißt auch, in jenen Jahren für geistliche Musik und guten Lesestoff besorgt zu sein, in denen die Kinder noch formbar und leicht zu beeinflussen sind. Es sei denn, sie sehen ausgelebten Glauben im Leben ihrer Eltern, so werden sie den Glauben ihrer Väter verleugnen.

3. *Beten Sie mit der Familie.* Ich fragte kürzlich einen Bankier: „Welches sind Ihre lebendigsten Erinnerungen von Ihrem Vater?" Er dachte einen Augenblick nach und sagte dann: „Zwei Dinge. Das eine: Ich erinnere mich, wie er sich mit mir spielend und lachend am Boden herumkugelte. Das andere, an das ich mich immer erinnern werde, ist, wie ich eines Morgens früh durch das Schlüsselloch des elterlichen Zimmers spähte und Vater auf den Knien beim Beten sah."

Ihr Kind braucht einen heißen Draht zum Himmel — wie Sie auch! Ein Teenager vertraute mir an: „Ich wünschte, meine Eltern würden auch mit mir beten. Dann wüßte ich, daß sie sich *wirklich* um mich kümmern." Taucht ein Problem auf, oder eine Freundin bittet mich, für sie zu beten, dann fordere ich meine kleine Tochter auf, mit mir zu beten. Laura wächst damit heran, für Probleme zu beten, die sie nicht immer versteht; aber sie weiß, daß wir die Probleme dem Einen bringen, der sie versteht. Damit lernt sie, dem biblischen Grundsatz zu folgen, daß einer des andern Last tragen soll.

Susanna Wesley hatte neunzehn Kinder. Sie kümmerte sich um all ihre persönlichen Bedürfnisse und ließ jedem eine gute Erziehung zuteil werden. Daneben betete sie alle Tage für jedes Kind und mit jedem einzeln. Wenn sie inmitten dieses Kinderschwarmes ihre Schürze über den Kopf zog, wußten die Kinder, daß sie jetzt still sein mußten, weil Mama mit Gott über sie sprach. Sie brachte zwei große Männer Gottes hervor: Charles und John Wesley. Wenn Sie also eine Herausforderung benötigen, denken Sie an Susanna Wesley!

Grundregel sieben: *Fördern Sie das geistliche Wachstum Ihrer Kinder.*

13 Die Kraftquelle

Es ist noch nicht lange her, als Laura eines Tages aus der Schule heimkehrte, beladen mit drei Büchern, einer Puppe und ihrer Eßtasche. Darauf bedacht, so schnell wie möglich zu spielen, ließ sie einfach alles zu Boden fallen. Ich hörte es und nahm die Thermosflasche aus der Tasche heraus. Nach außen sah sie unversehrt aus, aber inwendig war das Glas in tausend kleine Stücke zersprungen. Während ich mir die Bescherung anschaute, dachte ich im stillen: „Du kleine Thermosflasche, wie bin ich dir ähnlich! Wie manches Mal bin ich mir so vorgekommen, wie du jetzt inwendig aussiehst — zerschlagen!"

Wenn Sie sich zerschlagen fühlen, wer bringt Sie dann zurecht? Wenn Ihr Mann Ihnen über den Mund gefahren ist, wer verleiht Ihnen die Kraft, ihn dennoch zu lieben? Wenn Sie am liebsten explodieren möchten, weil er Ihre Pläne über den Haufen geworfen hat, wer gibt Ihnen dann Selbstbeherrschung? Kann man eine gelassene innere Haltung bewahren, wenn der Druck allzu mächtig zu werden scheint? Wohin gehen Sie dann eigentlich? Und warum?

Bis hierher in diesem Buche haben wir uns mit Ihrem „alten Haus", mit Ihrer Persönlichkeit, beschäftigt und sein Äußeres neu gestrichen. Wir haben ein paar Sträucher gepflanzt und etliche kaputte Fensterläden repariert. Im Inneren haben wir bis unter das Sofa Staub gewischt und einiges verschönert. Was wir jetzt vor allem brauchen, ist Kraft. Ohne Kraftquelle für Wärme, Licht und Leben ist Ihr Haus nur ein aufgeputztes Nebengebäude.

Vor zehn Jahren erlebte ich den Anschluß an die größte Kraftquelle der Welt. Ich habe die Verbindung zu meinem Schöpfer, der Quelle und dem Inbegriff von Liebe — vollkommener Liebe —, bekommen. Er gab mir Leben, LEBEN groß geschrieben! Er hat alle Lichter angezündet; sie leuchten heller, als ich es je gesehen habe. Und er hat alle meine Scherben wieder zusammengefügt.

Mein Suchen

Ich erinnere mich, wie ich in meiner frühen Jugend Liebe zu Gott empfand. Ich glaubte von ganzem Herzen an ihn, aber irgendwie schien ich keinen richtigen Kontakt zu bekommen. Ich zweifelte nie an seiner Existenz, doch meine Gebete schienen an der Zimmerdecke abzuprallen. Diese Einbahnstraße frustrierte mich. Ich flehte zu ihm, aber er schien nie zu antworten.

Der Tod meines Vaters — ich war vierzehn — brach mir komplett das Herz. Ich erinnere mich, wie ich nach der Beerdigung einen langen Spaziergang durch die Kornfelder hinter unserm Hause unternahm. Ich schluchzte und betete. Keine Antwort. Papa war nicht mehr da, und Gott wollte nicht antworten. „Gott, wenn

Du da bist", rief ich, „warum läßt Du es mich nicht wissen?" Aber noch immer kam keine Antwort. Wieder verhallten meine Gebete.

In den Jahren, welche folgten, begann ich ihn hinter Kirchenfenstern zu suchen. Ich telefonierte aufs Geratewohl Pfarrer und Priester und bat sie um eine Unterredung, um mit ihnen über meine Sache zu diskutieren. Einige hätten keine Zeit, sagten sie. Andere telefonierten überhaupt nicht zurück. Ein Pfarrer sagte mir, er sei auch auf der Suche, und ich solle ihn anrufen, wenn ich Gott gefunden habe. Die Religion ließ mich kalt.

Ich hatte mir immer Mühe gegeben, ein „gutes, kleines Mädchen" zu sein. Samstags buk ich Kuchen und legte sie armen Leuten anonym vor die Türe. In den Ferien kaufte ich Geschenke und brachte sie Leuten irgendwo in der Stadt, die es nicht so gut hatten. Ich wollte aus der Welt einen besseren Ort machen. Mein Suchen hielt an.

An der Ohio State University studierte ich Philosophie. Ich las so viel in den verschiedensten Philosophen, bis ich abends vor Müdigkeit umfiel. Aber wie ich versuchte, von jedem das Beste zu nehmen, wuchs meine Verwirrung. Jeder behauptete von sich, die „Wahrheit" zu besitzen, und doch widersprachen sie einander. Einige von diesen Philosophien schienen großartige Ideen zu beinhalten. Man hätte gut nach ihnen leben, aber nicht gut nach ihnen sterben können.

Der Umgang mit Menschen brachte mir die meiste Freude. Das Studentenleben inklusive Schönheitswettbewerb bot allerlei Abwechslung. Eine Reise nach Europa machte ich auch. Aber all das befriedigte mich nicht. Da war immer noch das eine Problem. Meine Leitmelodie war der Popsong „Laughing on the Outside, Crying on the Inside" (Außen Lachen, innen Weinen). Und ich wußte nicht einmal, warum ich weinte!

Ich fühlte eine Leere in mir. Ich fühlte mich schuldig. Ich sehnte mich nach irgend etwas. Ich hatte Angst, mit meinen Gedanken alleine zu sein. Ich drehte das Radio auf volle Lautstärke im Versuch, meine suchenden Fragen zum Schweigen zu bringen: Warum bin ich hier? Wohin gehe ich? Was hat das alles für einen Sinn, Marabel? Jeden Morgen, wenn ich zur Universität ging, sang ich unterwegs, um den Mut nicht zu verlieren. Mein Lieblings-Song war *Let a Smile Be Your Umbrella* (Mein Lächeln ist mein Regenschirm). Niemand merkte, wie es wirklich in mir aussah. Ich spielte meine Rolle gut.

Als mir das erste Mal die Bedeutung des Geldes aufging, war ich sicher, das Geheimnis des Lebens entdeckt zu haben. Mit Dollars konnte man Glück kaufen. Je mehr Dollars, desto mehr Möglichkeiten, desto mehr Freude. Ich erinnerte mich, wie ich einmal die Schaufenster absuchte, um mir einen Pullover zu kaufen. Und dann sah ich ihn – den süßesten, molligsten beigen Pullover, den ich je gesehen hatte. Diesen Pullover mußte ich haben! Ich begehrte ihn mehr als alles andere auf der Welt. Jeden Tag auf dem Heimweg blieb ich vor dem Schaufenster stehen und stellte mir vor, wie ich darin aussehen würde.

Geld war für mich zu jener Zeit Mangelware, doch endlich hatte ich so viel beieinander, daß ich mir den Pullover kaufen konnte. Ich weiß noch, wie ich an jenem Tag den Unterrichtsschluß kaum erwarten konnte und anschließend zum Geschäft eilte. War das ein Einkauf! Ich entsinne mich noch an jede Einzelheit, sogar an die Anprobierkabine mit den Nadeln am Boden, und hier verwirklichte sich der Traum! Ich sah himmlisch aus in dem Pullover ...

Als ich ihn aber am selben Abend daheim nochmals anzog, ergriff mich wieder dieses entsetzliche Gefühl von Einsamkeit. „So! Jetzt habe ich den Pullover", dachte ich, „und doch fühle ich mich innerlich leer." Das hinterließ in mir einen bleibenden Eindruck. Dinge konnten einen nicht befriedigen. Dieser Pullover war für den Moment das Erstrebenswerteste gewesen. „Wenn er nur mir gehörte", hatte ich gedacht, „dann wäre ich zufrieden." Aber es war anders. Daß der Geschmack daran so schnell schal wurde, hatte ich nicht erwartet. Das erschütterte mich regelrecht.

Was *war* denn die Antwort? Immer wieder stellte ich mir die Frage, wenn ich an klaren Sommermorgen zur Arbeit ging. Ich folgte mit meinen Augen den bunten Schmetterlingen, die über den wogenden Weizenfeldern dahinschaukelten, und wußte, daß der Gott, der all das erschaffen hat, doch auch für mich mehr haben mußte. Ich sagte laut: „Wenn ich nur wirklich sehen könnte; wenn ich nur die Binde von meinen Augen reißen und das Leben so sehen könnte, wie es wirklich ist!" Ich schaute meine Hände an und dachte an das Blut, das durch die Adern floß. Die Vollkommenheit des menschlichen Körpers erfüllte mich mit Ehrfurcht. Ich dachte: „*Ich* bin in diesem Leib. Das wirkliche Ich lebt hier drin. Aber wer bin ich eigentlich? Wer bin ich?"

Ich spürte, daß es mehr geben mußte — eine Lebensdimension, die ich im Moment nicht wahrnehmen konnte; ich wußte unterdessen auch, daß sie aus einer größeren Quelle als mir selber stammen mußte. Endlich führte mich mein Suchen zur Wahrheit — zur zeitlosen, Erfüllung schenkenden, wirklichen Wahrheit.

Umgewandelt

Eine Freundin sagte mir, daß Gott mich liebe und einen wunderbaren Plan für mein Leben habe. Ich wußte, daß Gott Liebe ist und konnte als Kind sogar Johannes 3,16 auswendig aufsagen: „Also hat Gott die Welt geliebt, daß er seinen eingeborenen Sohn gab, auf daß alle, die an ihn glauben, nicht verloren werden, sondern das ewige Leben haben."

Gott liebt mich! Jesus hat gesagt, daß er gekommen ist, um uns überfließendes Leben zu geben (Johannes 10,10). Das hörte sich gut an. Aber wie konnte ich mit diesem Gott des Universums in Verbindung kommen?

Vor Tausenden von Jahren sagte der jüdische Prophet Jesaja: „Eure Verschuldungen scheiden euch von eurem Gott..." (Jesaja 59,2). Vor Tausenden von Jahren? Oder gestern? Oder heute? Waren es meine Verschuldungen, meine Sünden, die mich von Gott und seiner Kraft trennten? Ich war ein anständiges Mädchen und wollte jetzt wissen, was „Sünde" bedeutete. Ich fand in der Bibel eine Aufzählung, die mich überraschte. Es waren keine schlimmen Sünden, die da genannt waren, sondern Sorge, Unglaube, Afterreden, Stolz.

Das traf ins Schwarze. Das ging mich an. Ich hatte dreiundzwanzig einsame Jahre getrennt von Gott gelebt. Manchmal war diese unheimliche Einsamkeit und innere Leere beinahe unerträglich gewesen.

Und es gab noch weitere schlimme Nachrichten. „Die Strafe für die Sünde", sagte meine Freundin, „ist der Tod – der geistliche Tod – nach Römer 6,23."

Ich entsinne mich, wie ich dabei dachte: „Oh nein – ich bin ein Todeskandidat! Ich bin tatsächlich ein Sünder, und das Urteil ist schon gesprochen!" Ich schaute meine liebe Freundin an, und sie mußte meine große Not gesehen haben.

„Es gibt aber auch eine gute Nachricht", fuhr sie fort, „sogar im selben Vers: ,... aber die Gabe Gottes ist ewiges Leben in Christus Jesus.'" Ich erkannte, daß Marabel die Kluft, die sie von Gott trennte, nicht von sich aus überbrücken konnte. Deshalb streckte Gott seine Hand nach ihr aus. Das war eine gute, eine großartige Nachricht!

Meine Freundin zeigte mir dann einen Bibelvers, der all meinen Versuchen, zu Gott durchzudringen, zu widersprechen schien. Er hieß: „Denn aus Gnade seid ihr gerettet worden durch den Glauben und das nicht aus euch: Gottes Gabe ist es, nicht aus den Werken..." (Epheser 2,8).

Ich erkannte, wie vor langer Zeit der Gott der Ewigkeit in unsere Zeit trat. Er kam, damit der Mensch aus seinem Versteck herauskommen und frei sein konnte. Die Welt hatte auf ihn gewartet, seitdem die Propheten das Kommen des Messias beschrieben hatten.

Mit Eifer las ich sein Buch. Er führte ein Leben totaler Selbstlosigkeit. Seine Tätigkeit bestand darin, kranke Leiber und gebrochene Herzen zu heilen. Sein Selbstanspruch war einzigartig. Er beanspruchte zum Beispiel, der einzige Weg zu sein, auf dem der Mensch zum himmlischen Vater kommen kann. Er sprach sogar von seinem bevorstehenden Tode und erklärte, daß er gekommen sei, um unser Osterlamm, mein Osterlamm zu sein.

Weil er starb, durfte ich leben. Er versprach mir Leben. Meine Freundin zeigte mir Offenbarung 3,20, wo Jesus vor einer symbolischen Tür zu meinem Herzen stand und anklopfte: „Siehe, ich stehe vor der Tür und klopfe an. So jemand meine Stimme hören wird und die Tür auftun, zu dem werde ich eingehen und das Abendmahl mit ihm halten und er mit mir."

Als mir die Wichtigkeit dieses Schrittes klar wurde, konnte ich es kaum erwarten, Jesus darum zu bitten, in mein Leben zu kommen. Ich hatte immer an Gott und an Jesus, seinen Sohn, geglaubt. Ich glaubte, daß er vor vielen Jahren als Heiland der Menschen starb. Doch jetzt wurde er mein Heiland.

Ich betete still zu Gott: „Lieber Gott, ich habe so lange nach Dir gesucht. Danke, daß Du mich gefunden hast. Ich glaube, daß Jesus gestorben ist – für mich, als mein Retter. Ich nehme ihn jetzt in mein Leben auf. Ich danke Dir von Herzen. Amen."

Ich blickte zu meiner Freundin auf und begann vor Freude zu weinen. Ich wußte, daß mein Suchen vorüber war – ein lebenslanges qualvolles Suchen. Ich fühlte mich rein, so vollständig rein. Endlich hatte ich den Kontakt bekommen! Ich wurde nicht nur ein wenig frömmer, nein – umgewandelt wurde ich innerlich, verbunden mit der wahren Kraftquelle, dem Licht der Welt. Die Lichter gingen an und sind seitdem nie mehr ausgegangen.

Seit diesem so entscheidenden Tag bin ich in den wunderbarsten Genuß des überfließenden Lebens gekommen, welches er zu geben versprochen hat.

Zu allererst: Ich habe Frieden – inneren Frieden von Gott, dem Friedefürst selber. Jesus sagte: „. . . meinen Frieden gebe ich euch . . ." (Johannes 14,27). Jetzt bin ich sein Kind, geistlich hineingeboren in seine ewige Familie!

Zweitens habe ich Vergebung. Jesus nahm die Strafe für meine Sünde – für alles, was ich falsch gemacht habe oder noch falsch machen werde – auf sich. Er hat versprochen: „Ihr werdet die Wahrheit erkennen, und die Wahrheit wird euch frei machen" (Johannes 8,32). Weil ich ihn in mein Leben aufgenommen habe, bin ich von der Schuld losgesprochen und ein freier Mensch geworden.

Drittens: Mein Leben hat einen Sinn bekommen.

Viele Jahre lang hatte ich mich gefragt: „Wer bin ich? Wohin gehe ich?" Jesus ist für mich der Weg, der Ausweg, der Weg zum Ziel geworden. Er ist jetzt mein Lebensinhalt.

Und schließlich: Ich habe Kraft, seine Kraft. Er ist nicht tot. Er ist von den Toten auferstanden. Er lebt. Er sagte, daß seine Auferstehungskraft auch mir gehören kann. Ich habe Kraft, um ein reich erfülltes Leben zu führen; Kraft, um lieben zu können; Kraft, die meine natürliche Liebe zu meinem Manne und zu meinen Kindern in eine übernatürliche Liebe umwandelt — es ist die Liebe von Gott, mit der ich lieben kann.

Auch Sie können mit dieser Kraftquelle in Verbindung kommen! Sie können Frieden, Vergebung, Lebensinhalt und Kraft haben. Weil Gott Liebe ist, bedeutet Gemeinschaft mit ihm überreiches Leben für Sie und tiefe, echte Liebe zu anderen. Die Bibel verspricht, daß Sie innerlich ein neuer Mensch werden und daß ein neues Leben beginnen wird.

Um ihn in Ihr Leben aufzunehmen, öffnen Sie einfach die Tür. Reden Sie zu ihm. Das Folgende ist ein Gebet, das schon vielen im *Total Woman*-Kurs eine echte Hilfe geworden ist:

Lieber Herr Jesus, ich brauche Dich. Ich öffne die Tür meines Lebens und nehme Dich als meinen Erretter auf. Danke, daß Du mir meine Sünden vergibst. Mache aus mir den Menschen, der ich nach Deinem Willen sein soll. Danke, daß Du zu mir kommst, wie Du versprochen hast.

Geben Sie sich bitte nicht zufrieden mit einem neuen Anstrich und einigen Verschönerungen. Nehmen Sie Verbindung auf mit dem Einen, der Ihnen allein Leben geben kann. Pascal sagte: „Es gibt ein gottgeschaffenes Vakuum im Herzen eines jeden Menschen, das nicht durch irgendeine geschaffene Sache, sondern allein von Gott, dem Schöpfer, ausgefüllt werden kann..." Gott wartet auf Sie und möchte Ihr Vakuum ausfüllen, um Sie zu einem vollständigen, totalen Menschen zu machen. Sie können gerade jetzt eine totale Frau werden!

Aufgabe

Ihrem Ehegatten gegenüber
1. Wenn Sie diese Woche eine ungestörte Kommunikation zu Ihrem Mann haben, bitten Sie ihn, drei von Ihren Vorzügen und drei von Ihren Schwächen aufzuschreiben. Danken Sie ihm für seine hilfreiche Liste. Nehmen Sie beim Lesen keine Abwehrstellung ein.

2. Feiern Sie heute abend etwas Besonderes. Sorgen Sie beim Abendessen für eine fröhliche und mitteilsame Atmosphäre. Regen Sie zwischen allen Familiengliedern einen Austausch der schönsten Tageserlebnisse an.

Ihren Kindern gegenüber
1. Beschreiten Sie heute mit jedem Kinde den Weg zum Segen:
    a) Akzeptieren Sie es
    b) Lieben und liebkosen Sie es
    c) Spielen Sie mit ihm
    d) Machen Sie ihm Mut
    e) Unterhalten Sie sich mit ihm
    f) Strafen Sie nur in Liebe
    g) Fördern Sie geistliches Wachstum

2. Schreiben Sie sich jene Eigenschaften auf, die Sie bei Ihren Kindern fördern möchten. Wenn sie bei Ihren Kindern zutage treten, erteilen Sie ein Lob dafür.

Gott gegenüber

1. Lesen Sie das dritte Kapitel des Johannesevangeliums in einer neuen Bibelübersetzung. Kaufen Sie sich eine, wenn Sie keine besitzen.

2. Jesus hat die Kluft zwischen Ihnen und Gott überbrückt. Dieses neue Leben können Sie jetzt geschenkt bekommen, wenn Sie Gott darum bitten.

14 Schluß

An eine Hilfesuchende

Liebe Marabel!
 Ich freute mich, Dich an unserer Klassenzusammenkunft zu sehen. Es tut mir leid, daß ich so durcheinander bin, aber ich bin regelrecht erschöpft — ich arbeite ja auch noch viel außer Haus. Ich weiß um meine Fehler. Ich habe mir zuviel aufgeladen. Es ist sehr schwer, das Haus in Ordnung und die Wäsche sauber zu halten und trotzdem noch Zeit für Mann und Kinder zu haben, wenn man daneben für so viele andere Dinge die Verantwortung trägt. Ich sitze drei oder vier Tage in der Woche an der Schreibmaschine oder am Telefonapparat.
 Ich habe ein schlechtes Gewissen. Mir ist klar, daß meine Kinder ein Recht auf meine Zeit und Aufmerksamkeit haben, aber wie kann ich heute und morgen dieses Problem lösen? Ich habe schon überlegt, ob ich mich nicht von meinen Verpflichtungen in der Kirchgemeinde und im Vereinsvorstand zurückziehen sollte, aber ich käme mir wie ein Drückeberger vor.
 Mein Mann und ich hoffen, in Kürze noch ein Baby

zu haben. Ich werde dann zu allen Aufgaben außerhalb des Hauses entschlossen nein sagen. Aber was soll ich morgen tun? Ich bin immer aktiv und an allem interessiert gewesen, aber ich komme mit meiner Zeiteinteilung nicht mehr klar. Unsere Kinder sind noch klein (vier Jahre und zweiundzwanzig Monate alt). Ich *weiß*, ich sollte daheim sein. All das macht mich sehr unzufrieden mit mir selbst. Warum kann ich mich nicht besser einteilen? Warum verbringe ich nicht mehr Zeit mit den Kindern? Ich bin müde, einfach müde! Meine erste und wichtigste Verantwortung ist meine Familie, das weiß ich, das glaube ich.

Aber ich habe immer ein solch ausgeprägtes Verantwortungsbewußtsein gehabt, daß ich alles bis zur Perfektion machen wollte. Ich sage noch einmal, daß die Verpflichtungen außerhalb der Familie nicht ewig andauern können. Aber unterdessen befinde ich mich in einem ständigen Zustand der Widersprüchlichkeit. Was würde eine totale Frau tun?

Eine Hilfesuchende

Liebe Hilfesuchende!

Es ist unmöglich, in einem zehnminütigen Gespräch oder in einem vierwöchigen Kurs, ja nicht einmal in einem How-to-do-it-Buch, die totale Frau zu erklären. Die totale Frau — das ist eine Lebensart, eine neue Einstellung zu sich selbst, zum Ehemann, zu den Kindern.

Die totale Frau beginnt mit der Voraussetzung, daß jeder Frau geholfen werden kann. Auch bei den komplexen Charakterzügen ihrer Persönlichkeit und den zahlreichen Rollen, die sie spielen muß, braucht keine Frau unbefriedigt und unerfüllt durchs Leben zu gehen.

Eine totale Frau ist nicht bloß eine gute Haushälterin, sie ist eine warmherzige, liebevolle Heimgestalterin. Sie ist nicht bloß eine duldende Intimpartnerin, sie ist eine hingebende Geliebte. Sie ist ihren Kindern nicht bloß ein Kindermädchen, sie ist eine Frau, die sie inspiriert, sich nach den würdigsten Lebenszielen auszustrecken.

Eine totale Frau hat ihre eigene Persönlichkeit und besitzt innere Sicherheit und Selbstachtung. Sie scheut sich nicht, sich selbst zu sein. Andere mögen ihre Maßstäbe und Vorstellungen anfechten, aber sie weiß, wer sie ist und wohin sie geht.

Sie besitzt die Gabe, im andern Menschen das Gute zu entdecken. Sie motiviert ihren Ehegatten, weit über sich selbst hinauszuwachsen. Sie läßt die Ehe zu einer beglückenden Erfahrung werden anstatt zu einer Belastungsprobe. Sie besitzt eine ungekünstelte Lebensfreude und wirkt lebensinspirierend auf andere.

Sie können eine solche totale Frau mit festgelegten Prioritäten und bewußter Verantwortlichkeit werden! Denken Sie zuallererst daran, daß Sie eine vor Gott verantwortliche *Person* sind. Er will Ihre Kraftquelle sein. Es sei denn, Sie werden eine Frau nach Gottes Willen, so werden Sie nicht zur völligen Hingabe an andere imstande sein, weil Sie zu wenig zum Weitergeben haben. Lassen Sie sich zuerst Ihr Inneres von oben her füllen, bevor Sie versuchen, nach links und rechts an andere weiterzugeben.

Die zweite Priorität hat Ihr Gatte, Ihr *Partner*. Zu viele Ehemänner werden nach der Ankunft des ersten Kindes vernachlässigt oder müssen hinter die anderen Aktivitäten ihrer Frauen zurücktreten. Ihr Mann muß wissen, daß er ganz oben auf Ihrer Liste rangiert.

Die nächste Priorität besitzt dann Ihre Aufgabe als *Mutter* Ihrer Kinder. Gute Mütter werden nicht geboren, sondern entwickeln sich aus Frauen, welche gute Mütter sein wollen. In den Kindheitsjahren brauchen Kinder ihre Mütter daheim. Ihre zukünftige Entwicklung ist weitaus wichtiger als irgendein gesellschaftlicher Anlaß.

Erst wenn Sie auf Ihre geistlichen Bedürfnisse, auf die Bedürfnisse Ihres Mannes und Ihrer Kinder eingegangen sind, sollten Sie an den Beruf oder an öffentliche Verpflichtungen denken. Vereinsmitgliedschaft, Partys, soziale Tätigkeit – ja, aber erst, nachdem zu Hause alles seinen richtigen Platz gefunden hat! Ich wünsche Ihnen alles Gute! Marabel

Überlebensausrüstung

In einer *Total Woman*-Klasse kam einmal eine junge Frau verspätet herein, schlug sich mit dramatischer Gebärde die Hand an die Stirn und seufzte vernehmlich: „Kann diese Ehe noch gerettet werden?" Sie meinte es nicht ganz so ernst, aber ihre Frage könnte auch so formuliert werden: „Wird die Liebe die Ehe überleben?" Ich meine ja – mit Hilfe der Überlebensausrüstung. Wenn Sie an Ihre *Total Woman*-Aufgaben herantreten, sollte das auch zu einigen Veränderungen in Ihrem Leben führen. Ich möchte Ihnen für den Start drei letzte Tips geben:

1. *Bleiben Sie nicht bei vergangenen Fehlern stehen*. Was geschehen ist, können Sie nicht mehr ändern. Warum sich also quälen wegen etwas, auf das Sie keinen Einfluß mehr haben?

Ich vernahm einmal in einer *Total Woman*-Klasse, wie eine Mutter leise vor sich hin murmelte: „Ich habe all die Jahre so vieles falsch gemacht. Es ist fast ein Wunder, daß ich noch verheiratet bin." Ich habe andere Frauen über ihre Vergangenheit weinen sehen, und auch das ist gut, denn Tränen bringen Heilung. Eigene Fehler erkennen tut weh. Aber wenn man versteht, warum man gerade so ist und nicht anders, dann kann man die Wahl zum Besseren treffen. Sehen Sie Ihre

Fehler ein und stehen Sie dazu, aber bleiben Sie nicht dabei stehen!

2. Lassen Sie sich nicht entmutigen, wenn Sie einmal in alte Gewohnheiten zurückfallen. Eine gute Freundin erzählte mir, wie sie eines Abends mit geballter Faust in der Küche am Kochherd stand und wegen einer Bemerkung ihres Mannes innerlich kochte. Sie dachte bei sich: „Es ist mir egal, was dieser alte *Total-Woman*-Kurs verlangt – ich werde es ihm schon zeigen!" Doch dann fiel ihr ein, daß ihre Explosionsmethode noch nie etwas Gutes bewirkt hatte, und langsam gewann sie da am Kochherd wieder ihre Selbstbeherrschung zurück. Sie änderte ihre Haltung, und es wirkte!

Auch wenn Ihnen manchmal die Sicherung durchbrennt, fassen Sie sich und versuchen Sie es noch einmal. Seien Sie nicht zu hart gegen sich selber. Eine totale Frau ist auch nur ein Mensch.

3. Konzentrieren Sie sich auf Ihre Möglichkeiten. Vergessen Sie nicht, daß die Wahl Ihres Gatten unter allen Mädchen auf Sie gefallen ist. In seinen Augen haben Sie das besondere Etwas und besitzen etwas, das ihn anzieht. Entwickeln Sie dieses nur Ihnen eigene Potential. Ihrer Beziehung zu ihm winken ungeahnte Möglichkeiten. Wenn Sie es versuchen, haben Sie nur wenig zu verlieren, aber alles zu gewinnen!

Es war Balzac, der schrieb, eine Frau müsse ein Genie sein, um einen guten Ehemann zu machen. Sie können als totale Frau ein solches Genie sein. Viele Frauen sind es geworden!

ENDE

DENK-DRAN-LISTE DER TOTALEN FRAU
(Immer mit sich tragen!)

- Die totale Frau – das ist eine Lebensart, eine neue Einstellung zu sich selbst, zum Ehemann, zu den Kindern.
- Wenn Sie sich selbst nicht lieben können, sind Sie unfähig, andere zu lieben.
- Akzeptieren Sie sich so, wie Sie sind – mit allen Unvollkommenheiten.
- Seien Sie wahr zu sich selbst und seien Sie sich selbst: Nehmen Sie Ihre Persönlichkeit an!
- Freuen Sie sich an Ihrer Einmaligkeit in der Welt!
- Eines der Geheimnisse des Lebens ist, sich auf den gegenwärtigen Moment zu konzentrieren.
- Organisieren Sie Ihren Alltag mit einer Wichtigkeitsliste – so kaufen Sie Zeit für sich!
- Welch eine Befriedigung, eine Sache gründlich getan zu haben und nicht nochmals zu ihr zurückkehren zu müssen!
- Der Unterschied zwischen Verzweiflung und Hoffnung ist oft ein guter Schlaf.
- Der in Ihrer Familie herrschende Geist wird von Ihnen bestimmt.
- Seien Sie möglichst oft eine „Ja, das machen wir"-Frau.
- Sind Sie die beste Freundin Ihrer Kinder?

DENK-DRAN-LISTE DER TOTALEN EHEFRAU
(Immer mit sich tragen!)

- Eine gute Ehe bedeutet nicht in erster Linie, den richtigen Partner zu finden, sondern der richtige Partner zu sein.
- Ihr Mann möchte weder eine Nörglerin noch eine Fußmatte, sondern eine Frau mit Würde, Überzeugung und Schwung, die aber gleichzeitig die letzte Entscheidung ihm überläßt.
- Ihr Ehemann braucht nicht in erster Linie Ihren Rat, sondern Ihr volles Ja zu ihm: So wie er ist.
- Sind Sie selber berufstätig, so ist er besonders auf Ihre Anerkennung angewiesen, denn sein Mannesempfinden leidet vielleicht etwas unter Ihrem Zahltag.
- Geben um des bloßen Gebens willen ist nicht ein Zeichen von Schwäche, sondern von Stärke!
- Nichts gleicht dem Gefühl, verstanden zu werden!
- Seien Sie eine gute Zuhörerin.
- Erfassen Sie sein Problem, und dann umgeben sie ihn mit Güte und Wärme.
- Erfolgreiche Ehefrauen wissen um die Bedeutung ihrer Rolle als Ein-Frau-Harem für ihren Lebenspartner!
- Machen Sie seine Heimkehr zum schönsten Augenblick des ganzen Tages!

Der Folgeband zu »Die totale Frau«:

Der totale Mann

von Dan Benson

Das Handbuch zum Geheimnis Mann – für sie und ihn

Haben Sie sich als Frau auch schon gefragt, wie Sie das Geheimnis Mann besser verstehen könnten, um so Ihrem Mann eine bessere Ehefrau, Ihrem Sohn eine bessere Mutter zu sein?

Haben Sie sich als Mann auch schon gefragt, wie Sie Ihr eigenes geheimnisvolles Wesen besser erkennen könnten, um so Ihr Leben und das Ihrer Lieben besser, ruhiger und sicherer gestalten zu können?

Dieses Handbuch weist Wege zum gemeinsam erreichbaren Lebenserfolg. Eine Vielzahl von praktisch anwendbaren Beispielen zeigt, wie sich ein Mann – mit Hilfe seiner Frau – entscheidend verbessern kann bezüglich Lebensfreude, Berufserfolg, Liebe, Sex und Partnerschaft. Geschrieben von Mann zu Mann, richtet es sich gleichermaßen an die Frau. Denn nur mit ihrem Verständnis und ihrer Unterstützung erreicht ein Mann das Ziel, ein ganzer, ausgeglichener, „totaler" Mann zu sein.

Dan Benson ist Gewinner mehrerer publizistischer Auszeichnungen und leitet zusammen mit seiner Frau Kathy, einer Künstlerin, ein Institut für Erwachsenenfortbildung.

Und die zwei werden sein ein Fleisch

Das biblische Handbuch zum ehelichen Glück

J. C. Dillow

Haben Sie sich auch schon gefragt, ob sich eigentlich in der Bibel etwas Konkretes finde zum Thema Liebe, Ehe und sexuelles Glück?

Entgegen weitverbreiteter Ansicht enthält das Buch der Bücher tatsächlich genaue und spezifische Anleitungen zu diesem Bereich. Wo? In einem lange Zeit vernachlässigten und mißverstandenen Bibeltext: im Hohelied Salomos.

J. C. Dillow, Bibelexperte und Leiter eines Eheberatungsinstitutes, entschlüsselt mit großer Sorgfalt, viel Verantwortungsgefühl und wissenschaftlicher Präzision die in diesem Bibeltext verborgenen Geheimnisse ehelichen Glücks. Das Resultat seiner wissenschaftlich fundierten Auslegung ist ein verblüffend genauer und fast sensationell deutlicher „biblischer Eheführer", der jede moderne Ehe mit wertvollen Impulsen zu bereichern vermag.